결혼 : 언약인가, 계약인가?

Marriage : covenant or contract
by Craig Hill
Copyright © 1992 by Craig S. Hill

ISBN 1-881189-02-3

Family Foundations International (FFI)

P.O. Box 320
Littleton, Colorado 80160
www.familyfoundations.com

Printed in the United States of America

Korean Edition

Printed in Korea Publishing & Printing Co.

161 Toegyero, Jung-Gu, Seoul, 04553, Korea
tel: 82-2-2277-1424 / fax: 82-2-2277-1947

이 책의 저작권은 저자 크래그 힐이 소유하고 있습니다. 이 책을 읽은 분이 작은 분량의 구문을 인용하는 것 외에는 출판사의 허가 없이 이 책의 어떤 부분도 복제하여 사용하실 수 없습니다. 출판사로부터 문서상의 허가를 받지 않고는 이 책의 어떤 부분도 복제하거나 정보 검색 시스템에 올리거나 복사기 등의 어떤 형태로든지 복사하실 수 없습니다.

이 책에 나오는 인용 성경 구절은 한글 개역개정판입니다.

결혼
언약인가, 계약인가?

Marriage : covenant or contract

크래그 힐 지음 / 김민희 옮김

국제가정사역원
Family Foundations International (FFI)

기독서원 **하늘양식**
Christian Books of Heavenly Word

차 례

Chapter 1

💍 언약 : 계약   13

Chapter 2

💍 결혼에 관한 5가지의 역사적 견해   31

Chapter 3

💍 이혼한 기독교인 싱글을 위한 조언   53

Chapter 4

💍 만약에 나는 이미 재혼한 사람이라면?   85

Chapter 5

💍 언약을 지키는 자를 향한 하나님의 신실하심   99

Chapter 6

💍 당신은 누구를 섬길지 선택하십시오.   121

서 문

그러므로 이제는 여호와를 경외하며 온전함과 진실함으로 그를 섬기라 **너희의 조상들이 강 저쪽과 애굽에서 섬기던 신들을 치워버리고 여호와만 섬기라 만일 여호와를 섬기는 것이 너희에게 좋지 않게 보이거든 너희 조상들이 강 저쪽에서 섬기던 신들이든지 또는 너희가 거주하는 땅에 있는 아모리 족속의 신들이든지 너희가 섬길 자를 오늘 택하라 오직 나와 내 집은 여호와를 섬기겠노라 하니** (수 24:14-15)

기독교인이 지금 다시 한 번 대답해봐야 될 중요한 질문은 "당신은 누구를 위해 살고 있습니까?"입니다. 이 중요한 질문에 먼저 대답을 하지 않으면 성경 해석에 관한 여러 질문의 답은 그저 이 사람, 저 사람의 의견일 뿐일 것입니다. 결혼과 이혼, 재혼의 성경적 견해에 관한 이슈도 바로 그런 것입니다.

일반적으로 한 사람의 도덕성이 그의 신학을 결정하는 것이지, 신학이 그의 도덕성을 결정하지 않습니다. 사람은 먼저 자신이 어떻게 살고 싶은지를 결정하고, 그리고 나서 자신의 삶의 스타일에 맞추기 위해 세계관을 구성합니다. 성경이 정말 말하는 내용을 알고자 귀납적으로 성경을 읽고, 그리고 자신의 삶을 성경적인 기준에 맞추는 사람은 많지 않습니다. 이것은 비기독교인과 기독교인이 별 차이가 없습니다.

예수님을 따르는 사람들이 예수님을 자신의 주님이라고 고백하면서 그의 일상생활에서는 믿지 않는 사람들의 삶의 스타일과 똑같이 사는 것을 주님은 허락하지 않으십니다.

> 나더러 주여 주여 하는 자마다 다 천국에 들어갈 것이 아니요 다만 하늘에 계신 내 아버지의 뜻대로 행하는 자라야 들어가리라 그 날에 많은 사람이 나더러 이르되 주여 주여 우리가 주의 이름으로 선지자 노릇 하며 주의 이름으로 귀신을 쫓아 내며 주의 이름으로 많은 권능을 행하지 아니하였나이까 하리니 그 때에 내가 그들에게 밝히 말하되 내가 너희를 도무지 알지 못하니 불법을 행하는 자들아 내게서 떠나가라 하리라 그러므로 누구든지 나의 이 말을 듣고 행하는 자는 그 집을 반석 위에 지은 지혜로운 사람 같으리니 비가 내리고 창수가 나고 바람이 불어 그 집에 부딪치되 무너지지 아니하나니 이는 주추를

반석 위에 놓은 까닭이요 나의 이 말을 듣고 행하지 아니하는 자는 그 집을 모래 위에 지은 어리석은 사람 같으리니 비가 내리고 창수가 나고 바람이 불어 그 집에 부딪치매 무너져 그 무너짐이 심하니라 (마 7:21-27)

여호수아 시대에 아모리 족속의 문화가 이스라엘 문화와 너무나 거리가 멀었던 것처럼 우리 서양 사회의 삶의 스타일과 기준은 성경적 기준에서 멀어져 있습니다. 여호수아는 이스라엘 사람들에게 누구를 섬길지 선택하라고 그들에게 말했습니다. 하나님께선 그리스도의 몸인 우리에게 예수 그리스도를 섬길지, 아니면 우리 자신을 섬길지 선택하라고 우리에게 말씀하고 계신다고 저는 믿습니다.

우리 사회는 온통 자기 자신을 섬기는 사회가 되어 버렸습니다. 사람들의 삶의 목표가 '나의 행복'입니다. 대부분의 서양 사회에서는 오랜 동안 행복과 자기 만족이 삶의 목표가 되어 왔습니다.

우리가 "나는 예수님을 따르는 사람입니다. 예수님이 나의 주님이십니다."라고 말하면서 계속해서 이런 사회의 가치관을 받아들여서 그렇게 산다면 우리는 사실 하나님을 섬기는 것이 아니라 자기 자신을 섬기고 있는 것이고, 그런 기준과 가치관에 맞추어 성경 해석을 하고 있는 것입니다. 그러면 우리는 모래 위에 집을 짓는 자이고 스스로 속으면서 불법을 행하는 자입니다.

하나님 나라에서는 행복이 우리 삶의 목표가 아닙니다. 우리 삶의 목표는 예수님께 순종하고 하나님 나라를 확장하는 것입니다. 기쁨과 삶의 만족감은 우리 삶의 목표가 아니라 예수님을 섬길 때 자연스럽게 따라오는 부산물입니다. 목표를 추구하지 않고 부산물을 추구하는 사람은 보통 목표와 부산물 두 가지 다를 놓치게 됩니다.

예수님은 우리가 '생명을 구원하고자 하면 구원하고자 하는 바로 그 생명을 잃을 것이라고 말씀하셨습니다(마가복음 8:34-37을 보십시오). 예수님을 섬기는 것과 자기 자신을 섬기는 것은 서로 반대되는 것이고 완전히 다른 것입니다. 하나님은 어느 누구도 하나님을 억지로 섬기도록 강요하거나 압박을 가하지 않으셨습니다. 여호수아 시대에 이스라엘 사람들이 하나님을 섬길지, 다른 신들을 섬길지 자유롭게 선택했던 것처럼 우리도 자유롭게 선택하는 것입니다. 여기서 중요한 것은 둘 중의 하나를 선택해야 된다는 것입니다. 우리가 예수님을 섬긴다고 말하면서 예수님의 말씀에 위배되는 사회의 가치관과 기준과 삶의 스타일을 계속 받아들인다면 우리가 무슨 말을 하든 상관없이 우리는 예수 그리스도와 그의 나라에 반대되는 선택을 하고 있는 것입니다. 우리는 아모리 족속의 신들과 예수 그리스도를 동시에 섬길 수 없습니다. 그러니 여러분, 누구를 섬길지 오늘 선택하십시오.

이 책은 예수 그리스도를 섬기기 원하는 사람들, 예수님을 섬기는 것이 생명보다 더 의미있고 소중한 그런 사람들을 위한 책입니다. 여러분이 그런 분이라면 이 책을 계속 읽으십시오. 이 책이 여러분께 치유와 생명을 줄 것입니다. 그런데 여러분의 삶의 목표가 고통을 피하고 확실한 행복을 얻으려는 것이라면 그런 분들은 이 책을 더 읽지 않으셔도 됩니다. 그런 분들은 이 책을 읽는 것이 시간 낭비밖에 안 될 것이고 책을 읽으면서 아마 화가 나고 좌절감만 느껴질 것입니다.

CHAPTER 1

언약 : 계약
(목사가 회개하다)

제 1 장

언약 : 계약
(목사가 회개하다)

몇년의 기간 동안 제가 기독교인의 결혼과 이혼, 재혼의 이슈에 관해 주님의 뜻을 구하며 주님 앞에 나갔을 때, 저는 서양 사회의 기준과 목표가 성경 및 하나님 나라의 기준과 목표로부터 멀어져 있고 많은 면에서는 완전히 반대가 되어버렸다는 것을 깨닫게 되었습니다. 성경을 더 읽고 더 기도하면 기도할수록 저는 제 자신의 생각도 하나님의 말씀에 일치된 것이 아니라 사회에 일치되어 있다는 것을 알게 되었습니다.

많은 고뇌와 기도 끝에 주님께서는 목사인 제가 저희 교회의 강대상에 서서 예수님의 기준을 버리고 세상의 기준을 받아들였던 것에 대해 회개하게 하셨습니다. 저는 교인들 앞에서 성경을 들고 이렇게 선포했습니다. "이 성경책은 우리 문화에 전혀 맞지 않는 책입니다. 이제 우리는 이 책을 받아들일지 아니면 우리 문화를 받아들일지, 선택해야 됩니다. 이제 우리 교회에서는 성경을 우리 문화에 맞게 끼워넣으려는 노력을 하지 않을 것입니다. 성경이 우리 문화에 맞추어 질 수 없습니다!"

많은 목회자들이 그렇듯이 저도 사람들을 향한 자비와 긍휼에 의해 강하게 동기부여 받아서 움직입니다. 목회할 때 첫 2년 정도 동안 저는 사람들이 행복해지고 잘 되기를 바라는 마음에서 많은 사람들이 전 배우자 아닌 다른 사람과 재혼하는 일을 도왔습니다. 그렇게 하면서 저는 **제가 미래 세대에 저주를 풀어내고 있고 성경과 하나님 나라의 가치관에 반대되는 가치관을 받아들이면서 사회를 파괴하는 일에 참여하고 있다는 것**을 몰랐습니다.

그 후 오랜 기간에 걸쳐 성경을 연구하며 하나님 앞에 나갔을 때 하나님께서는 제가 하나님나라의 가치관에 따라 분명한 결론을 내리게 하셨습니다. 그러나 우리 교회에는 이혼 후 재혼했거나 이혼 후 싱글로 살고 있는 사람들이 많았기 때문에 이것은 간단한 문제가 아니었고 심각한 파문을 일으키는 것이었습니다. 제가 하나님의 말씀에서 발견한 것을 교인들에게 나눈다는 것이 기대되는 일만은 아니었습니다. 그런데 천국에 가서 주님을 대면할 때 '왜 제가 말씀에서 발견한 것을 교인들에게 나누지 않았는지'를 주님께 설명할 것을 생각해보니 그것은 더 끔찍한 일이었습니다.

많은 교회들이 성경에 위배되는 가치관을 받아들여서 가르치고 있는데 저 또한 그렇게 했던 것에 대해 주님 앞에서 그리고 교인들 앞에서 회개했습니다. 그리고는 제가 믿게 된 결혼과 이혼과 재혼에 관한 성경적 가치관에 대해 몇 주간에 걸쳐서 우리 교인들을 가르쳤습니다. 그러자 제가 예상했던 대로 다음 몇 달 동안 여러 사람들, 여러 가족들이 우리 교회를 떠났습니다. 그런데 또 다른 많은 교인들은 삶과 부부 관계가 아주 강화되면서 교회에 그대로 남았습니다.

지난 150년간 그리고 특히 지난 50년 간 서양 사회에서 근본적인 가치관에 있어 큰 교환이 일어났습니다. 이 가치관의 교환은 사회에 영향을 미쳤을 뿐 아니라 교회 안에도 스며들어왔습니다. 결혼에 관한 생각에 영향을 미친 주요한 가치관의 교환은 언약이 계약으로 교환된 것입니다.

결혼에 관한 성경적 개념은 '**피 언약**'의 개념이라고 저는 믿습니다. 피 언약은 동양적 개념으로 동양에서는 수 세기에 걸쳐서 이 피 언약에 대해 알고 실천해왔는데, 서양에서는 피 언약에 대해 잘 모르고 있습니다. 성경 내용 자체는 동양의 정황에서 이루어진 것이고 성경에서 많이 볼 수 있는 하나님께서 인간과 관계하시는 방식은 피 언약의 용어로 설명되고 있습니다. 그런데 안타깝게도 서양인 대부분은 이 피 언약에 대해 잘 모릅니다. 그들과 별개로 많은 미국인이 피 언약의 개념에 대해 가장 잘 아는 것은 아마 어렸을 때 TV에서 게로노모

Geronomo가 다른 인디언 추장과 피 언약을 맺는 것을 본 것일 겁니다. 그걸 보고 우리도 친구들과 함께 손가락을 따서 피 형제가 되는 것을 했었습니다.

피 언약은 인간에게 알려진 것 중에 가장 친밀하고 가장 신성하고 가장 오래 지속되는 결속의 합의입니다. 사무엘상 18장에 보면 요나단과 다윗이 그런 언약을 맺었습니다.

> 다윗이 사울에게 말하기를 마치매 요나단의 마음이 다윗의 마음과 하나가 되어 요나단이 그를 자기 생명 같이 사랑하니라 그 날에 사울은 다윗을 머무르게 하고 그의 아버지의 집으로 다시 돌아가기를 허락하지 아니하였고 요나단은 다윗을 자기 생명 같이 사랑하여 더불어 언약을 맺었으며 요나단이 자기가 입었던 겉옷을 벗어 다윗에게 주었고 자기의 군복과 칼과 활과 띠도 그리하였더라
>
> (삼상 18:1-4)

두 사람이 이런 언약을 맺었을 때 그들은 자신의 생명보다

더 소중한 헌신의 위탁을 서로에게 한 것입니다. 이런 언약 안에 들어갈 때 그들은 서로에게 이런 위탁을 한 것입니다. "내가 가진 모든 것과 나 자체가 다 당신 것입니다. 당신의 적은 나의 적이고 필요하다면 나는 당신을 위해 내 생명까지 포기할 준비가 되어 있습니다."

이런 언약은 사실 어겨진 적이 없습니다. 그것은 너무나 신성한 헌신의 위탁이어서 누군가가 언약을 어겨 자신의 명예를 더럽히는 일이 발생할 상황이라면 그렇게 되기 전에 그 사람은 먼저 죽었습니다. 동양에서 사람이 언약을 맺을 때나 맹세하면서 한 말은 자신의 생명보다 더 소중했습니다. 100년 전에 아프리카에서는 누군가가 언약을 어기면 그의 친척이 나서서 그 사람을 찾아내어 죽이도록 도왔다고 합니다. 언약을 어긴 사람과 그의 4대 후손까지 죽임을 당했습니다. 북미의 인디언들은 언약을 어긴 경우 7대손까지 죽임을 당했다고 합니다.

동양과 중동 문화에는 오늘날에도 이런 암묵적인 합의가 남아 있습니다. 이런 이유 때문에 많은 나라에서는 아랍인 무슬림이 기독교인으로 개종하는 것이 아주 심각한 문제가 됩니다. 무슬림이 생각하기에 무슬림은 이슬람교를 통해서 이슬람의 신과 무슬림 형제들과 언약 관계 안에 있는 것입니다. 동양의 사고에 따르면 무슬림이 기독교인이 되는 것은 그들의 신과 형제들과의 언약을 어기는 것인데 이것은 죽음과도 맞먹는 일입니다. 많은 이슬람 문화권에서는 그 사람의 어머니가 그런 아들은 죽기를 바란다고 맹세합니다. 언약은 취소 불가능하고 해지 불가능한, 죽음에 의해서만 파기되는 위탁입니다. 동양에서는 언약을 어기면 죽음의 처벌을 받습니다.

전능하신 하나님께서 하나님 자신의 모든 것과 자신이 가지신 모든 것을 인간에게 위탁하시며 인간과 언약을 맺으신다는 것은 정말 믿기 어려운 일입니다. 예수 그리스도께서 새 언약을 세우시면서 인간인 우리가 언약을 어긴 것에 대한 형벌을 예수님이 받으셨고, 취소불가능하고 해지 불가능한 언약의 위탁으로 우리에게 위탁하셨습니다.

언약은 죽을 때까지 유효한 편무(片務)적이고 취소 불가능하고 해지 불가능한 위탁입니다. 언약은 양쪽 어느 누구의 행위에 의해서 쇄시부지 되지 않습니다. 언약은 하나님의 임재 안에서 상대편 사람에게 하는 편무적인 위탁인데 상대방 사람의 행위에 따라 달라지는 것이 아닙니다.[1]

---

1. H. 클레이 트럼벌(H.Clay Trumbull), *The Blood Covenant*(피언약), (Kirkwood, Mo.: Impact Books, Ink., 1975)

이와 달리 계약의 개념은 완전히 다릅니다. **계약은 두 사람 사이의 쌍무(雙務)적인 합의로서 합의 사항에 대한 실행 여부에 따라 완전히 달라지는 것입니다.** 계약을 맺었는데 한쪽 사람이 계약 사항을 실행하지 않으면 상대편 사람도 계약 사항 대로 실행해야 될 의무가 없어집니다. 언약은 그런 것이 아니어서 누군가의 행위에 따라 달라지는 것이 절대 아니고, 취소 불가능한 것입니다. 언약을 어기는 것은 단순한 일이 아니어서 만약에 언약을 어긴 경우에는 죽음의 형벌이 있었습니다.

얼마 전까지만 해도 사회 전반적으로 사람들은 결혼을 계약이 아닌 언약의 개념으로 이해했습니다. 예수님 시대의 유대 팔레스타인 지역 사람들도 결혼을 분명히 계약이 아닌 언약의 개념으로 이해했습니다. 그리고 불과 얼마 전까지만 해도 교회도 결혼을 계약이 아닌 언약으로 이해했습니다.

그런데 안타깝게도 어느 정도의 기간을 거치면서 믿지 않는 세상이 별 타당성 없는 근거로 사람들을 배려하려고 결혼에 있는 성경적인 언약의 가치관을 버리고 계약의 가치관을 받아들이기 시작했습니다. 이 영역에서 많은 교회가 빛과 소금이 되지 못하고 오히려 세상의 영향력을 받으며 결국에 가서는 교회도 세상의 가치관을 받아들였습니다. 그러면서 사회 안에 큰 파괴적인 힘이 작용하게 되었고 그 결과 많은 가정과 부부 관계가 무너지고 있습니다.

저는 결혼에 있어서의 성경적인 언약의 가치관을 세상적인 계약의 가치관으로 바꾼 것이 현재 많은 가정에서 일어나고 있는 학대와 역기능성의 주요 원인이라고 믿습니다. 이것에 대해 설명 드리겠습니다.

결혼에서의 언약의 가치관은 배우자를 향해 이렇게 말하는 것입니다. **"죽음이 우리를 갈라놓을 때까지 나는 취소 불가능하게 당신에게 위탁되어 있습니다. 내가 당신에게 위탁되어 있는 것은 당신이 하는 행위나 선택에 따라 달라지는 게 아닙니다. 이것은 우리가 죽을 때까지 하나님 앞에서의 편무적인 위탁입니다."** 이것이 예수님께서 우리에게 하신 위탁입니다.

> **내가 결코 너희를 버리지 아니하고 너희를 떠나지 아니하리라** (히 13:5)

계약의 가치관은 이렇게 말할 것입니다. **"우리 거래에 있**

어 당신이 행할 바를 행하면 나도 내가 행할 바를 행하겠습니다. 당신이 나를 행복하게 해주지 않거나 약속을 지키지 않으면 나는 당신을 떠나서 나를 행복하게 해주면서 말한 대로 약속을 지키는 다른 사람을 찾을 거에요. 그리고 당신이 나를 떠나면 나도 당연히 당신을 떠나서 다른 사람을 찾을 거예요."

우리와 예수님과의 관계가 계약 관계가 아니라 예수님께서 우리에게 위탁하신 언약 관계라는 사실이 얼마나 다행스럽고 기쁜지요!

사도 바울이 에베소서 5장에서 말하는 것이 진리라는 것을 우리는 아마 자연스럽게 알 것입니다.

> 아내들이여 자기 남편에게 복종하기를 주께 하듯 하라. 이는 남편이 아내의 머리 됨이 그리스도께서 교회의 머리 됨과 같음이니 그가 바로 몸의 구주시니라. 그러므로 교회가 그리스도에게 하듯 아내들도 범사에 자기 남편에게 복종할지니라.
>
> 남편들아 아내 사랑하기를 그리스도께서 교회를 사랑하시고 그 교회를 위하여 자신을 주심 같이 하라. 이는 곧

물로 씻어 말씀으로 깨끗하게 하사 거룩하게 하시고 자기 앞에 영광스러운 교회로 세우사 티나 주름잡힌 것이나 이런 것들이 없이 거룩하고 흠이 없게 하려 하심이라

(엡 5:22-27)

이 본문에서 바울은 결혼이 그리스도와 교회와의 관계를 이 땅에서 가장 잘 보여주는 그림이라고 말합니다. 그 뜻은 '예수님이 우리와 어떻게 관계하시는지' 알고 싶으면 남편과 아내의 관계를 보면 된다는 것입니다. 남편과 아내의 관계를 볼 때 언약의 가치관이 보이면 그러면 우리는 맞는 그림을 보게 되는 것입니다. 그런데 만약에 남편과 아내의 관계를 볼 때 계약의 가치관이 주로 보인다면 예수님과 우리와의 관계에 관한 잘못된 이미지가 내 마음 안에 생기게 됩니다. 그런데 이것은 우리가 꼭 의식적으로 생각해서 형성되는 것은 아니고 부모님이나 우리 삶의 누군가 중요한 롤 모델의 본보기를 보면서 우리 마음에 자연스럽게 형성되는 것입니다.

이 영역에 있어 기독교인과 불신자 사이에 별 차이가 없을 때 그것은 정말 심각한 문제입니다. 하나님의 가치관을 보여

줘야 할 신자들이 믿지 않는 사회의 가치관을 똑같이 받아들인다면 그러면 어디에서도 우리는 맞는 관계의 그림을 찾아볼 수가 없습니다. 아이의 마음에 가장 영향을 미치는 것은 분명히 그의 부모의 부부 관계입니다. 아이가 부모의 부부 관계를 볼 때 계약의 가치관이 보이면 아이의 마음에는 버림받는 것에 대한 굉장한 두려움이 생기게 됩니다. 왜 그럴까요?

아빠와 엄마 사이에 보이는 메시지가 "당신이 나를 행복하게 해주지 않고 내가 생각하는 기준만큼 당신이 해내지 못하면 나는 당신을 떠나서 다른 사람을 찾을 겁니다."라는 계약의 메시지면 아이는 마음에 이렇게 생각하게 됩니다. "내가 아빠·엄마를 행복하게 해주지 않고 아빠·엄마의 기준만큼 해내지 못하면 어떻게 될까?" 이 마음의 느낌은 자연스럽게 하나님께로 전이됩니다. 바울도 결혼이 우리와 예수님의 관계를 보여주는 그림이라고 말했습니다. 우리와 예수님과의 관계에 있어 우리는 마음에 이렇게 생각합니다. '내가 엄마인 것 같고 예수님은 아빠인 것 같아. 내가 예수님을 기쁘게 해드리지 않고 옳은 것을 하지 않고 예수님을 떠나고 배신하면 예수님도 나를 떠나서 다른 사람을 찾으실 거야.'

이렇게 되면 우리와 하나님과의 관계에 있어 버림받을 것에 대한 굉장한 두려움이 생기게 되고 그 결과로 우리는 굉장히 '성과 위주'의 삶을 살면서 완벽주의자가 됩니다. "난 항상 옳은 것만 해야 되고 죄를 지으면 안 돼. 내가 죄 짓고 잘못하면 예수님은 나를 버리고 떠나서 옳은 일하는 다른 사람을 찾으실 거야." 완벽주의와 성과 지향성은 수치심의 근원이고 그것은 가정의 역기능성과 학대의 결과를 낳게 됩니다. 샌드라 윌슨 Sandra Wilson 박사가 이 과정을 자세히 설명해 주는 책을 썼습니다. 윌슨 박사의 책 『Released From Shame, Recovery For Adult Children of Dysfunctional Families』 (수치심으로부터 자유, 역기능 가정에서 자라난 성인 아이들을 위한 책), 한국어판은 『상한마음으로부터 자유』(두란노)를 여러분께 강력히 추천합니다.2

기독교인 부모가 이혼을 하고 또 이혼후에는 재혼을 해도 된다는 것을 선택 사항으로 받아들이면서 언약의 가치관을 계약의 가치관으로 바꾸어 버리면 자녀들의 삶의 문을 원수를 향해 열게 되고, 많은 경우에 가계에 흐르는 저주를 풀어내게 됩니다. 이런 과정을 통해 자녀(2세대)가 성인이 되면 그 사

---

2. 샌드라 윌슨 박사(Dr. Sandra Wilson), *Released From Shame*(수치심으로부터 자유케 되기), (Downers Grove, Ill.: Intervarsity Press, 1990)

람도 이혼하고 역기능적인 가정을 만들게 되고, 손주 세대(3세대)에 가서도 같은 일이 생기게 됩니다. 이런 가정에서 누군가가 이 상황에 대해 이해하고 부정적인 사이클을 끊지 않으면 이 일이 계속 반복됩니다.

내 백성이 지식이 없으므로 망하는도다. (호세아 4:6)

부모가 인식하건 하지 않건 관계없이 부모는 자녀의 미래의 삶을 위한 강력한 열쇠를 손에 쥐고 있습니다. 자녀에게 있어 부모가 가장 중요한 대리인이어서 부모를 통해서 하나님으로부터 또는 사단으로부터의 이미지가 자녀에게 심어집니다. 많은 경우 '나는 누구인가? 하나님은 누구이신가? 하나님과 어떻게 관계해야 하는가? 그리고 사람들과 어떻게 관계해야 하는가?'에 관해 우리가 어릴 때 마음에 받은 이미지가 성인이 된 우리 삶의 길을 결정합니다. 하나님께서 우리 안에 '정체성과 삶의 목적'을 심어주시는 주요한 방법은 축복을 통해서입니다.

히브리어로 '**축복하다**'라는 동사는 바루크 BARUCH 입니다. 이 단어의 주요한 의미 중 하나는 '**형통하도록 힘을 실어 주다.**' 입니다. 그러면 '**저주하다**'라는 단어를 정의 내리면 '**형통하지 못하게 힘을 없애다**' 입니다. 그래서 부모는 자녀를 축복하도록 하나님의 대리인으로 사용될 수도 있고 자녀를 저주하도록 사단의 대리인으로 사용될 수도 있습니다. 부모가 자녀를 축복해 주면 자녀가 성인이 되어 부부 관계, 가족 관계, 일과 사역, 건강과 재정에 있어 형통하고 번창하도록 자녀에게 힘을 실어주게 됩니다. 아니면 저주하는 것을 통해 자녀의 삶을 이 모든 영역에서 형통하지 못하고 번창하지 못하게 하고 손상시킬 수도 있습니다. 안타깝게도 우리 부모님 세대의 많은 분들이 깊은 상처가 있는 분들이었고 그들이 부모가 되기 전에 이미 자기 자신을 저주하는 파괴적인 사이클 속에 있었습니다. 그 결과 우리들 많은 사람들은 성장하는 기간 내내 우리 자신과 하나님에 관해 마귀의 이미지를 받았습니다.

그런데 우리와 우리 자녀의 삶에서 어둠의 나라가 빼앗아 간 모든 것을 회복해주시기 위해서 예수 그리스도께서 이 땅에 구속자로 오셨습니다. 버림받는 것에 대한 두려움, 수치심, 완벽주의, 역기능성, 학대, 이혼, 재혼의 사이클을 끊기 위해서는 많은 경우 마음의 치유를 받아야 되고 하나님의 사랑과 신실하심에 대한 깊은 계시가 있어야 됩니다. 저희 FFI(국제 가정사역원)3에서 여는 세미나를 통해서 저는 사람들이 부모가 축복해주지 않았거나 저주해서 축복을 받지 못했던 많은 영역에 하나님께서 사랑과 축복을 부어주시는 것을 정말 많이 봤습니다. 그리고 또한 인생에서 부모가 자녀를 축복해줘야 되는 7번의 중요한 때에 대해 부모가 이해하게 되면서 그 자녀들의 삶이 완전히 바뀌는 것도 봤고, 부모가 하나님의 사랑과 치유를 받고 자녀들에게 용서를 구하고 자녀를 축복했을 때 가정 내에 있었던 아주 심각한 파괴적인 싸이클이 끊어지는 것도 봤습니다.

제 마음의 부르짖음은 이 세대에서, 적어도 기독교인들 가운데에서는 파괴의 사이클이 끊어지고 가정이 변화되는 것입니다. 우리 세대의 많은 사람들이 겪었던 고통을 우리 자녀들은 겪지 않게 합시다. 우리 손주 세대는 깨어진 가정과 학대와 수치심의 고통을 모르고 살도록 합시다. 우리 세대에서 저주

---

3. Family foundations international, www.familyfoundations.com(영어권)
국제가정사역원 네이버카페: http://cafe.naver.com/ffikor(한국어권)

가 끊어지고 우리의 자녀와 손주 세대에 하나님의 축복이 흘러가게 합시다.

저는 목사로서 결혼에 관한 성경적 "언약"관계를 세상적 "계약"관계와 잠시나마 혼동하여 구별하지 않고 목회했던 과거를 진심으로 회개 합니다. 참된 결혼은 성경적 가치관 즉 하나님의 언약관계에 기초를 둔 신성하고 취소불가능한 약속 입니다

CHAPTER 2

결혼에 관한 5가지의 역사적 견해

제 2 장

결혼에 관한 5가지의 역사적 견해

결혼에 있어서의 성경적인 언약의 가치관을 문화적인 계약의 가치관으로 교환함으로써 교회는 빛과 소금이 되기를 멈추었고 사회 전체가 파괴되어 가는 일에 참여했으며, 더욱 중요하게는 사람들의 눈에 비치는 하나님의 이미지가 훼손되는 일에 참여했습니다.

그렇다면 언제 이런 교환이 처음 일어난 걸까요? 처음에는 16세기에 데지데리어스 에라스무스 Desiderius Erasmus 라는 인본주의 철학자에 의해 이 일이 일어났는데 에라스무스는 마틴 루터 Martin Luther 와 그 외의 다른 초대 종교 개혁가들에게 영향을 준 사람입니다. 폴 스틸 Paul E. Steele 과 찰스 뤼리 Charles C. Ryrie 는 『Meant to Last』 라는 뛰어난 책을 썼는데 이 책에서 그들은 에라스무스의 견해를 소개하며 이혼과 재혼에 관한 5가지의 역사적 견해에 관해 논했습니다.[4] 이 책이 뛰어난 책이기에 여러분도 이 책 전체를 읽어보시라고 강력히 권합니다.

이혼에 관한 성경적 가르침의 5가지 역사적 견해를 살펴보면 '해 아래 새것이 없다'라는 것을 알게 되어 흥미롭습니다.

---

4. 폴 E. 스틸과 찰스 C. 뤼리(Paul E. Steele and Charles C. Ryrie), Meant To Last, (Wheaton, Ill.: Victor Books, 1986) ibid., p.88.

현대 시대에 들어와서 새 계시와 새 이론이라고 나오는 것 대부분은 수 세기 전에 이미 사람들이 생각했고 씨름했던 내용들입니다. 이혼과 재혼에 관한 5 가지의 역사적인 견해[5]는 이것입니다.

1. 초대 교부의 견해
2. 에라스무스파(전통적 개신교)의 견해
3. 어거스틴파의 견해
4. 약혼의 견해
5. 혈족간의 결혼(불법 결혼)의 견해

스틸Steele 과 뤼리Ryrie 가 이 5가지 각각의 견해를 설명했던 것을 여기에 인용해 보겠습니다.

---

[5] R. J. 엘릭(R.J. Ehrlich), "The Indissolubility of Marriage as a Theological Problem", *Scottish Journal of Theology*, August 1970, pp.291-311.

1. 초대 교부의 견해

첫 5세기 동안 기독교의 지도자들이 기록했던 수백 개의 필사본을 자세히 연구해본 결과 4세기의 라틴 저자인 엠브로시에스터 Ambrosiaster 단 하나의 예외만을 제외하고는 모든 교부들은 '그리스도와 바울은 이혼한 사람은 어떤 이유로 이혼했는지 관계없이 재혼하면 안 된다고 가르쳤다'는 일치된 견해를 가졌습니다.

16세기에 에라스무스가 초대 교부의 견해와는 다른 생각을 제안하면서 그것이 개신교 신학의 주요 신학이 되기전까지는 재혼금지가 교회의 표준 견해였습니다.

> **제자들이 이르되 만일 사람이 아내에게 이같이 (재혼을 금지) 할진대 장가 들지 않는것이 좋겠나이다** (마 19:10)

초대 교부들은 위의 마태복음 19:10에서와 같이 예수님의 제자들의 견해를 지지했습니다.

그것은 예수님이 힐렐(Hillel, 경미한 이유인 경우 이혼과 재혼이 허락됨)이나 샤마이(Shammai, 음행의 경우 이혼과 재혼이 허락됨)의 랍비학파의 쟁점을 따르지 않으셨고, 이혼은 죄이고 하나님의 계획이 아닌데 만약에 이혼을 하는 경우 재혼은 금지된다는 완전히 개혁적인 개념을 제시하셨기 때문에 제자들이 그런 반응을 한 것이라고 설명될 수 있다고 합니다. 따라서 부도덕함(음행)이 있어 이혼한 경우에도 재혼은 금지 된다는 마태복음 19:9에 선포된 예수님 말씀의 명령에 큰 무게를 실으면서 교부들은 이 견해를 지지했습니다.

> **내가 너희에게 말하노니 누구든지 음행한 이유 외에 아내를 버리고 다른 데 장가 드는 자는 간음함이니라**
>
> (마 19:9)

2. 에라스무스파(전통적 개신교)의 견해

이혼·재혼의 이슈에 있어 이 견해가 오늘날 개신교에서 가장 크게 받아들여지고 있는 견해입니다. 마태복음 19:9에서 예수님은 음행의 경우 이혼을 허락한다고 말씀하신 것이고, 유대인의 결혼 계약에 있어 이혼 증서를 준다는 것은 항상 재혼할 권리를 내포하는 것이기에 잘못이 없는 배우자는 재혼해도 된다고 예수님이 허락하신 것이란 견해입니다.

(저자의 설명 : 유대법에서 이혼을 허락하는 것이 재혼할 권리를 내포한다고 스틸Steele과 뤼리Ryrie가 쓴 것이 아니라 에라스무스Erasmus와 그의 견해를 따르는 사람들이 잘못되게 그런 내용을 만들어내려 했고 그래서 예수님의 말씀을 그렇게 해석한 것임)

이 입장을 따르는 대부분의 사람들은 바울도 또한 배우자가 의도적으로 의무를 불이행한 경우 이혼과 재혼을 허락하며 이 개념을 더 확장했다고 말합니다. 많은 사람들은 이것을 더 확대해서 다양한 이유(극복할 수 없는 차이, 정신적 이상, 도덕적 문란과 외도 등)인 경우에도 이혼과 재혼이 허락된다고 말합니다.

종교 개혁 초기의 고전적인 인본주의자였던 네델란드의

에라스무스 Desiderius Erasmus, 1469-1536 가 이 해석을 제시했고 현대의 개혁주의 학자인 존 머레이 John Murray 가 이를 변호했습니다. 루터와 동시대의 사람이었던 에라스무스는 여러 이슈에 있어 루터의 사고에 영향을 미쳤는데 나중에 가서는 에라스무스와 종교 개혁가들이 갈라지게 되었습니다.

에라스무스의 동시대인들이 에라스무스를 이단자라고 간주했을지라도 종교 개혁의 많은 저자들이 에라스무스의 이혼과 재혼에 관한 교리의 영향을 크게 받았다는 것은 흥미롭습니다. 대부분의 복음주의적인 문서는 종교 개혁가들에 의해 그리고 나서는 '웨스트민스터 신앙고백'에 의해 영향을 받았기 때문에 오늘날 복음주의자들은 에라스무스의 견해를 많이 따르고 있습니다.

3. 어거스틴파의 견해

이 견해는 주해가 아주 복잡해서 영어권 독자들에게 설명하기가 어려워서 학자들 외에 다른 사람들은 별로 고려하지 않는 견해입니다. 이 주제에 관한 방대한 연구를 해서 이 견해를 명료화해 준 빌 해쓰Bill Heth 께 감사드립니다.

간단히 말하자면 어거스틴이 주장한 이 견해는 바리새인들이 예수님을 자유로운 힐렐Hillel 학파와 좀 더 보수적인 샤마이Shammai 학파 사이의 논쟁의 곤경에 빠뜨리려 했는데 예수님이 그 미끼에 걸려들지 않았다는 주장입니다. 예수님은 이 이슈를 잘 피한 뒤 제자들만 있는 자리에서 자신이 뜻하는 바를 명확히 설명하셨습니다(마가복음 10:10-12을 보십시오).

논쟁의 요지는 신명기 24:1의 '수치스러운 일'에 관한 것이었습니다. 그들은 예수님을 곤경에 빠뜨리기 위해 질문했습니다. 어거스틴파의 견해는 예수님께서 '부도덕(음행)을 제외하고는' 이라고 하신 말씀은 사실 생략되어버려서 그들의 질문을 우회해서 피해가셨다는 것입니다. 예수님이 이렇게 말씀하셨습니다. "너희에게 내가 말한다. 누구든지 ['수치스러운'이 무슨 뜻인지의 이슈는 빼고] 아내와 이혼하고 다른 여자와 결혼하는 자는 간음하는 것이다". 그리고 제자들만 예수님과 함께 집 안에 있었을 때 논란이 된 점에 대해 제자들이 예수님께 추궁하자 예수님이 이렇게 말씀하셨습니다.

누구든지 아내와 이혼하고 다른 여자와 재혼하는 자는 본처에게 간음하는 것이다 (막 10:11)

이것은 로마 문화에 있는 음행이 있는 경우에는 이혼해야 된다는 점을 예수님도 포함하시는 것 같은데 그 경우에 재혼은 금지했다는 것입니다. 어거스틴파의 의견을 지지해주는 증거가 일반적으로 인정되는 증거보다 더 강하기 때문에 이 주제에 관한 책 중 인기 있는 많은 책에서 이 가능성이 거의 토론되지 않는다는 점이 놀랍습니다.

4. 약혼의 견해

이 견해는 예수님께서 예외를 말씀하신 마태복음 19:9 이 결혼 첫날밤 이전에 부도덕(음행)을 행함으로 약혼의 조항을 어긴 경우 파혼을 허락했다는 견해입니다.

이 주장은 설득력이 있습니다. 예수님 시대에 약혼이 얼마나 법적 구속력이 있는 것이었는지 이해하고 파혼하기 위해서는 분명히 '이혼'할 필요가 있는 상황이라는 인정을 받아야 했다는 것을 이해한다면(마1:18-20의 마리아와 요셉의 예가 보여주듯이) 이런 해석이 가능함을 알 수 있습니다.

약혼한 사람들은 약혼 상대자 서로를 남편과 아내라고 불렀는데 예수님이 이 가능성에 대해 말씀하시지 않아서 오해의 소지가 있게 문을 열었고 약혼의 파혼에 대해서는 문을 닫았다고 말합니다. 예수님이 '혼전 음행 fornication'의 포르네이아 porneia와 '간음 음행(결혼한 상태에서의 음행)' 모이케이아 moicheia 두 가지를 대조시키기 위해서 '혼전 음행' 포르네이아 porneia 이라는 단어를 주의 깊게 선택하셨다고 강조합니다. 두 단어 다 음행을 말하는데 첫 번째 것은 결혼 전 음행을 말하는 것이고, 두 번째 것은 결혼한 이후의 음행을 말하는 것입니다.

많은 복음주의적 학자들이 주장하는 이 약혼의 견해는 큰 설득력이 있습니다.

5. 혈족 간의 결혼(불법 결혼)의 견해

칼 레니Carl Laney의 책 『The Divorce Myth』에서 잘 변호되고 있는 이 견해는 예수님이 혈족간의 결혼이 얼마나 금지된 것인지 금지된 정도를 전문적인 느낌으로 표현하면서 레위기 18:6~18과 관련지어서 '혼전 음행포르네이아 porneia'이라는 단어를 사용했다고 주장합니다. 그래서 가까운 친척과 결혼한 경우 어떤 특별한 상황에서는 이혼이 허락되는 것이었고 이런 상황을 제외하고는 이혼이나 재혼이 허락되지 않는 것입니다. 사도행전 15:20, 29과 고린도전서 5:1과 '사해 두루마리 Dead Sea Scrolls'에는 이 견해를 충분히 지지할 만한 내용이 있습니다.

혈족 결혼의 견해를 지지하는 사람들의 주장이 아주 강하기 때문에 이혼·재혼의 문제를 다루는 사람들은 이 견해를 토론해야 될 필요를 느낍니다. 이 견해가 학자들의 세계에서는 큰 지지를 받고 있기 때문에 이 견해를 성립될 수 없는 견해라고 여기며 무시해 버리는 것은 실망스러운 일입니다. 이 견해에도 어려운 점은 있지만 (모든 5 가지 견해가 다 그렇듯이) 또한 많은 설득력이 있습니다. 이혼이 큰 문제가 되는 오늘날의 상황에서 우리는 우리 입맛에 맞는 견해만 찾으려고 해서는 안 되고 하나님의 이상에 가장 가깝고 하나님의 성품과 가장 일치되고 이 주제와 관련된 모든 성경적인 자료에 가장 정확히 맞는 그런 견해를 찾아야 됩니다.

재혼에 관한 질문

이 연구의 결론을 내리기 전에 각각의 견해가 재혼에 대해 뭐라고 말하는지 요약을 해보는 것이 도움이 될 것 같습니다.

1. 초대 교부의 견해는 이혼한 경우 재혼을 허락하지 않습니다. 이것이 주님의 가르침이었고 또한 바울도 주님의 가르침을 그렇게 이해했습니다. 그러면 두 가지의 대안만 있게 되는데 이혼한 경우 전 배우자와 다시 합치든지 아니면 싱글로 사는 것입니다. (고전 7:11)
2. 음행이나 버림의 경우 (오늘날은 다른 이유들이 추가됨)

이혼을 허락하는 에라스무스의 견해에서는 '잘못 없는' 배우자는 의문의 여지없이 재혼해도 됩니다. 합법적인 이혼이라면 피해를 입은 쪽 사람은 재혼해도 됩니다.
3. 이혼이 있을 수도 있다라고 인정하는 어거스틴파의 견해는 재혼을 허락하지 않습니다.
4. 약혼의 견해는 약혼한 상태에서 결혼하기 전에 음행한 일이 있는 경우 이혼 증서를 줄 것을 고려합니다. 그래서 꼭 먼저 약혼이 있었고 그리고 나서 결혼이 있었습니다. 그래서 피해를 당한 사람은 두 번째 약혼을 하면 되고 그리고 나서 결혼을 하면 첫 결혼이 되는 것입니다.
5. 혈족 간의 결혼의 견해는 불법적인 결혼의 경우 이혼 제도를 인정할지라도 재혼은 예수님과 바울의 가르침에 위배되는 것으로 여깁니다. 합법적인 결혼에서 이혼은 금지되는데 만약에 이혼이 있는 경우 이혼한 사람의 재혼은 결코 허락되지 않습니다.

에라스무스의 견해만 재혼을 허락한다는 것에 주목하십시오. 그래서 아마 오늘날 이 견해가 가장 인기 있습니다! 부도덕함(음행)이 이혼을 정당화할지라도 성경 본문에서는 재혼을 정당화하지 않는다는 것에 주목해야 됩니다. 현대판 에라스무스들의 견해는 허락될 만한 이유 때문에 이혼하는 경우 자동적으로 재혼도 허락되는 것이라고 생각하는 것 같습니다.

그러나 이것은 성경을 비약적으로 해석한 것입니다!

> **혹 믿지 아니하는 자가 갈리거든 갈리게 하라. 형제나 자매나 이런일에 구애될 것이 없느니라 그러나 하나님은 화평중에서 너희를 부르셨느니라** (고전7:15)

오늘날은 고린도전서 7:15을 억지로 해석해서 믿지 않는 배우자가 믿는 배우자를 버리고 떠난 경우 재혼을 정당화합니다. 바울은 이런 경우 신자가 속박 아래(묶임과 의무 아래) 있지 않다고 말합니다. 현대의 에라스무스들은 이것이 신자는 자유롭게 재혼할 수 있음을 의미한다고 이해합니다. 이 구절의 많은 주석을 확인해보니 많은 주석이 '믿지 않는 배우자가 떠나가면 남은 배우자는 결혼 관계를 유지할 의무가 없는 것이고(결혼 관계 유지에 묶이지 않고) 분리됨을 받아들여야 된다'라고 동의하고 있다는 것을 알게 되었습니다. 누군가는 이렇게 말했습니다. '믿지 않는 배우자가 떠나가기로 선택하면 믿는 배우자는 로마 제국 전체를 다니며 믿지 않는 배우자를 쫓아다니지 않아도 된다.'

스틸과 뤼리는 에라스무스의 견해를 연구하며 이렇게 논했습니다.

에라스무스의 견해

오늘날 복음주의자들 가운데 가장 인기 있는 이 견해는 표면적으로 보기에 그리고 이해하기에 가장 단순한 견해처럼 보이고 넓게 받아들여지고 있기 때문에 옳은 견해처럼 보입니다. 그러나 이 견해를 자세히 점검해보면 이 견해는 명확한 결론이 내려진 견해가 아닙니다. 그리고 이것이 5가지 견해 중 유일하게 이혼 후 재혼을 허락하는 견해이기 때문에 이 견해를 주의깊게 점검해 보는 것이 중요합니다.

에라스무스는 사람들을 향한 깊은 인간적인 생각이 있었

고 그의 영향을 받은 종교 개혁가들의 논리는 이런 것이었습니다. '음행한 사람은 구약의 율법에 따르면 돌에 맞아 죽게 되어 있다. 그래서 음행한 사람은 하나님의 눈에 보시기에 죽은 사람이나 마찬가지이기에 잘못이 없는 배우자는 자유롭게 재혼할 수 있는 것이다'. 종교 개혁가들은 이것이 예수님이 말씀하신 예외 절에 있는 내용이고 "부도덕함(음행)이 있으면 잘못 없는 배우자는 언제든지 이혼하고 재혼할 자유가 있다"라고 말했습니다.

이 생각은 루터부터 시작해서 현재까지 옹호되고 있습니다. 엘릭 R. J. Ehrlich 은 이것을 '법적 소설'이라고 부릅니다.[6] 이것은 음행한 사람은 죽은 사람인 것처럼 취급받아야 된다고 생각하기 때문입니다.[7] '법적인 소설'은 그 내용이 확연히 모순되는 것이기 때문에 많은 복음주의적인 작가들은 이 생각을 따르지 않는데 그래도 가끔씩은 이것에 대해 듣게 됩니다.

---

6. "Protestant View of Divorce and Remarriage", Vol.1, No.1, 1981, pp.23.
7. 빌 해쓰(Bill Heth), "A Critique of the Evangelical Protestant View of Divorce and Remarriage", *Studia Theologica et Apologia* (3909 Swiss Ave., Box 1030, Dallas Texas 75204).

여전히 생생히 살아 있는 사람을 '죽은 사람인 것처럼' 취급한다고 해서 결혼이 무효화되는 건 아닙니다. 그럼에도 불구하고 이 논리가 에라스무스의 교리를 인기 있게 만들었습니다.

마틴 루터와 동시대인이었던 에라스무스는 가톨릭 교회의 권력 남용에 대해 반대하는 목소리를 냈기 때문에 종교 개혁가의 친구로 여겨졌습니다. 그런데 에라스무스는 칭의(**믿음으로 의롭게 됨**)에 대한 관점이 약했고 이단적인 생각이 있어서 루터는 그와 갈라섰습니다. 하지만 어떤 이유에선지 루터는 이혼과 재혼에 관한 에라스무스의 생각을 옹호했고 초대 교회의 가르침과 실천 사항을 거절했습니다.[8]

스틸과 뤼리는 이렇게 결론 내렸습니다.

---

8. 폴 E. 스틸과 찰스 C. 뤼리 op. cit.,(Paul E Steele and Charles C. Ryrie), p.104. ibid., p115.

요 약

요약해서 말하면 여기 제시된 이 5가지 견해 모두 기본적인 점에 대해서는 다 같이 동의합니다.

하나님의 최선은 일부일처제이고 하나님은 이혼을 싫어하신다. 율법 아래에서의 이혼은 강퍅한 마음에 대한 양보책이었다. 예수 그리스도는 그의 가르침에서 하나님의 최고의 기준을 가르치시고 옹호하셨다.

초대 교부의 견해와 에라스무스의 견해는 포르네이아 Porneia(혼전 음행 fornication)가 음행을 의미할 수도 있다고 동의하는데 에라스무스의 견해만 유일하게 이혼 후 재혼을 허락하는 견해입니다. 다른 견해들은 여러 다양한 이유 때문에 이혼이 있을 수 있음은 인정하지만 재혼은 성경에 위배된 것이고 그래서 결코 허락되지 않는다는 것에 일치된 의견을 갖고 있습니다.

마태복음 19장에서 고자(故子)에 대해 말하는데 그것은 예수님께서 힐렐이나 샤마이 어느 쪽 편도 들지 않으셨고 제자들에게 있어 혁명과도 같은 개념을 말씀하신 것임을 보여주는 것입니다. 에라스무스의 견해는 이 문맥 상황이 예수님이 이전 구절들에서 말씀하셨던 것과는 맞지 않다고 하며 이 문맥 상황을 무시합니다. 다른 4개의 견해들은 마가복음 10장과 누가복음 16장의 본문이 재혼이 허락되지 않는다는 자신들의 논지를 지지해준다고 보는 반면 에라스무스의 견해는 마가복음 10장과 누가복음 16장에 나오는 명확한 가르침을 제대로 설명해내지 못합니다. 마가복음 10장과 누가복음 16장의 내용은 고린도전서 7:10~13에 나오는 바울이 예수님의 말씀의 의미를 이해한 것과 가장 일관되는 것 같습니다.

이혼의 어려움과 고통을 겪은 신자에게는 명확하게 두 가지의 선택 사항이 있습니다. 재혼하지 않고 싱글로 살든지 전 배우자와 합치는 것입니다. 이 외의 다른 것을 가르치는 것은 결혼에 관한 하나님의 기준에 일치되지 않는 것입니다.

서는 사단이 결혼과 가정만 공격하는 것이 아니라 궁극적으로는 사람들의 눈에 비치는 하나님의 이미지를 공격한다고 믿습니다. 사단이 사람들의 눈에 비치는 하나님의 이미지를 왜곡해서 사람들의 마음 안에 '하나님이 누구이시고 인간과 어떻게 관계하시는지'의 거짓된 이미지가 형성되면 결과적으로 사단은 인간이 하나님을 신뢰하지 못하게 만들 수 있는 것입니다. 에라스무스가 결혼에서의 언약의 가치관을 버리고 계약의 가치관을 받아들이면서 지금 우리가 세상과 똑같이 교회 안에서도 경험하고 있는 이혼, 역기능, 학대, 가정 파괴의 어려움을 겪는 파도의 문을 열었다고 저는 믿습니다.

목회자와 기독교인 지도자들이 이혼한 기독교인의 재혼을 허락하고 동조하면 사단이 하나님의 이미지와 성품을 왜곡되게 보여주는 일을 하는 것을 돕는 것입니다. 우리가 개개인의 사람들에게 단기적으로 자비와 은혜를 베풀려고 하다 보니 장기적인 면에서 우리의 자녀와 손주 세대 전체를 파괴하게 되는 것입니다. 배신당하면서까지 언약을 지키는 그런 그림이 이 땅에는 거의 없습니다. 그리스도와 교회 사이의 언약 관계를 보여줘야 되는 기독교인의 결혼이 잘못된 행동을 하면 거절당하고 버림받게 된다는 깊은 두려움을 심어주고 언약을 어기는 이기심의 그림을 보여주고 있습니다.

CHAPTER 3

이혼한 기독교인 싱글을 위한 조언

제 3 장

이혼한 기독교인 싱글을 위한 조언

지금의 사회에서 기독교인 지도자들이 할 일 중 가장 어려운 것 중 하나는 이혼과 학대, 가정의 역기능으로 고통을 겪은 사람들에게 이해와 공감과 긍휼을 표현하면서 동시에 성경적인 기준을 잃지 않는 것입니다. 저는 많은 기독교인들이 결혼, 이혼, 재혼의 이슈에 있어 언약의 가치관은 이해하는데 사람들을 향한 긍휼이 없는 것을 봤습니다.

이혼 과정 중에 당하는 고통과 이혼한 이후에 아픈상처를 겪게됩니다. 굉장히 이런 외상(外傷)을 경험한 사람들을 대할 때는 큰 자비와 긍휼이 필요합니다. 이미 언급했던 대로 이런 외상으로 고통받은 사람들의 마음을 다룰 때 성경적인 언약의 가치관을 타협하지 않으면서 그들에게 필요한 주님의 자비와 긍휼을 전하는 것이 쉽지 않습니다. 이것이 바로 목회자와 기독교인 지도자들이 배워야 되는 것입니다. 어느 이혼한 여성과 결혼을 전제로 이성 교제하려고 했던 어느 이혼한 남자에게 제가 썼던 편지를 여기에 나누겠습니다. 이 두 사람 다 주님을 따르려는 기독교인이었습니다. 그들의 이름은 바꿨지만 편지 내용은 상당 부분이 그대로입니다. 이 편지에서 저는 언약의 가치관을 전달하려고 했고 그 남자에게 싱글로 살든지 아니면 전 부인과 합칠 노력을 하라고 추천했습니다.

친애하는 잭 형제님

당신이 수잔과 교제할 것에 대해 저도 함께 생각해보도록 제게 나누어주셔서 감사드립니다. 이 일에 대해 제가 많은 시간 기도했는데 저의 깨끗한 양심으로는 당신이 수잔과 교제하고 결혼하는 것에 찬성할 수가 없습니다. 그 이유는 다음과 같습니다.

1. 그렇게 재혼하는 것은 도덕적으로 잘못된 것이고 하나님의 말씀의 의도와 정신과 내용 자체를 어기는 것입니다. 그리고 좀 더 구체적으로는 복음서에서의 예수님의 가르침을 어기는 것입니다.

> **또 일렀으되 누구든지 아내를 버리려거든 이혼 증서를 줄 것이라 하였으나 나는 너희에게 이르노니 누구든지 음행한 이유 없이 아내를 버리면**

> **이는 그로 간음하게 함이요 또 누구든지 버림받
> 은 여자에게 장가드는 자도 간음함이니라**
>
> (마 5:31-32)

'산상수훈'을 읽어보면 예수님께서 외적인 행동뿐만 아니라 마음의 태도와 동기까지 포함시키시면서 구약의 행동 기준과 예수님의 훨씬 더 엄한 기준을 대조시키시는 것을 볼 수 있습니다. 예수님은 교회를 향해서 율법에서 요구되는 외적인 행동의 기준보다 훨씬 더 높은 기준으로 살라고 명령하십니다. 예수님은 또한 옛 언약 아래에서는 잘 알려지지 않았던 새 언약 아래에서의 은혜와 용서를 소개하셨습니다.

은혜를 '하나님의 값 없는 은총'라고 정의 내리는 걸 들었는데 저는 이 정의가 아주 부적절하다고 봅니다. 스트롱 주석과 바인스 사전을 찾아보면서 저는 이런 정의를 찾게 되었습니다.

> 은혜 : 하나님의 능력을 부여하시는 임재로 우리 마음에 하나님의 영향력이 오게 되어 삶에 드러나는 변화의 결과가 생기게 함

은혜는 '내가 하고 싶은 것을 할 수 있는 권리'를 부여하거나 '나의 행복과 평안을 추구해야만 된다'고 느끼게 만드는 것이 아니라 예수 그리스도의 눈에 보시기에 그리고 주님의 나라에 합당한 일을 하도록 우리에게 힘을 부여하는 것이라고 저는 믿습니다.

앞에서 소개한 본문 마태복음 5:31-32에서 예수님은 완전히 분리된 것처럼 보이는 두 가지의 이슈 즉 **1)이혼**과 **2)재혼**에 대해 다루셨습니다.

예수님께서 먼저 하나의 문제인 **이혼**에 대해 말씀하시고 그리고 나서 다른 문제인 이혼한 여자의 **재혼**에 대해 다루십니다. 당신과 수잔의 삶에서 이혼은 이미 일어난 일로 당신들 두 분이 죄를 지은 것일 수도, 아니면 두 분의 배우자들이 당신들에게 죄를 지은 것일 수도 있습니다. 그것도 아

니면 양쪽 다 죄를 지은 것일 수도 있습니다. 이 죄에 대한 하나님의 반응은 무슨 죄든지 죄를 고백하고 회개하는(그 뜻은 그 죄로부터 돌이키고 하나님이 그 죄를 미워하시는 것처럼 우리도 똑같이 미워한다는 것임) 자 누구에게나 그러시듯이 이혼의 죄도 용서하시는 것이라고 믿습니다.

32절 후반부는 재혼과 관계된 것입니다. 이혼한 여자와 결혼하는 사람은 간음하는 것이라고 예수님은 여기에서 말씀하십니다. 이혼과 재혼은 완전히 다른 별개의 이슈입니다. 예수님의 말씀에 따르면 당신이 이혼녀인 수잔과 결혼하는 것은 간음을 하는 것입니다. 당신이 아직 이것을 행한 것은 아닙니다. 그러니까 우리는 지금 당신의 과거에 대한 용서에 대해 이야기하는 게 아니라 당신이 미래에 간음의 죄를 지을 것인가 아닌가에 대해 말하고 있는 것입니다.

마가복음과 누가복음에서 예수님께서 이 주제에 대해 더 가르치실 때 이혼한 남자가 이혼한 여자와 결혼하는 것만이 간음이 아니라 이혼한 남자가 어느 여자와 결혼하든지 그것은 간음하는 것이라고 말씀하셨습니다.

이르시되 누구든지 그 아내를 버리고 다른 데에 장가 드는 자는 본처에게 간음을 행함이요 또 아내가 남편을 버리고 다른 데로 시집 가면 간음을 행함이니라 (막 10:11-12)

무릇 자기 아내를 버리고 다른 데 장가 드는 자도 간음함이요 무릇 버림당한 여자에게 장가드는 자도 간음함이니라 (눅 16:18)

잭 형제님, 제가 이 구절들에서 보는 것은 이혼한 남자인 당신이 수잔이 이혼녀이든 아니든 관계없이 수잔과 결혼하는 것은 예수님 말씀에 따르면 '당신의 삶을 다스리는 하나님의 말씀의 권위를 부인하고 예수 그리스도의 주권을 무시하며 간음하는 것'이란 겁니다.

어떤 사람들은 이렇게 말합니다. "그건 율법주의 같군요.

하나님의 은혜로 예수님이 우리를 자유케 하셨는데 당신은 우리를 다시 율법 아래 두려고 하는군요". 사실 우리가 율법 아래로 돌아간다면 이 영역에서 우리에게 요구되는 것은 예수님의 가르침이 우리에게 요구하는 것보다 훨씬 덜 엄중합니다. 다시 한 번 저는 하나님의 은혜가 우리로 하여금 하나님의 말씀의 명확한 가르침을 무시하고 우리 자신의 행복을 추구하도록 자유함을 주는 것이 아니라 옳은 것, 심지어는 예수 그리스도와 하나님 나라를 위해서 나 자신을 아프고 힘들게 하는 것까지 할 수 있도록 능력을 준다고 믿습니다.

기본적으로 사람들이 혼동하는 부분은 이것인 것 같습니다. 많은 사람들이 이혼과 재혼을 함께 생각해서 이혼한 남자가 이혼의 죄를 용서 받으면 재혼하며 간음의 죄를 범해도 된다고 은혜로 허락받는 것이라고 생각합니다. 예수님은 이 두 가지 행동이 독립된 각각의 죄라는 걸 분명히 해주십니다. 이혼한 것에 대해 용서받았다고 해서 재혼의 간음을 범해도 된다고 허락받은 것은 절대 아닙니다.

> 그런즉 우리가 무슨 말을 하리요 은혜를 더하게
> 하려고 죄에 거하겠느냐 그럴 수 없느니라 죄에
> 대하여 죽은 우리가 어찌 그 가운데 더 살리요
>
> (롬 6:1-2)

잭 형제님, 제가 보기에는 당신 삶에서의 이혼과 재혼의 이슈는 미혼의 기독교인 여성이 강간당해서 임신을 하고 그리고 나서 아기를 낙태하는 이슈와 비슷합니다. 혼전에 성관계가 있었고 아기가 잉태된 죄는 회개하면 은혜가 있기 때문에 용서될 수 있습니다. 강간의 경우 하나님의 은혜로 그 여자에게 긍휼과 사랑과 치유가 올 수 있습니다. 그러나 혼전 성관계에 대한 용서가 있고 강간 피해자에 대한 긍휼이 있다고 해서 하나님의 은혜가 낙태를 승인해 주는 것은 아닙니다.

미혼의 임신한 기독교인 여성에게 낙태하지 말라라고 조언을 해주는 것이 율법주의인가요? 결혼하지 않은 상태에서 임신한 것은 용서 받을 수 없는 죄인가요? 아닙니다! 당연히 용서받습니다. 이런 죄가 있을 때는 따르는 결과가 있고, 이런 결과는 죄의 용서가 있어도 사라지지 않고 그대로 남아 있습니다. 그리고 은혜는 낙태를 허락하지 않습니다. 이 낙태에 관한 진리가 재혼에 관한 진리와 아주 유사한 것입니다. 성경에서 낙태에 관해서는 직접적으로 진술된 바가 거의 없는 반면 성경 전체에서 그리고 특히 예수님은 재혼에 대해 훨씬 훨씬 더 명확히 말씀하셨습니다. 그런데 그리스도의 몸인 우리는 혼전 성관계와 낙태의 원리에 대해서는 별로 어렵지 않게 이해 하는 것 같은데 성경이 그 내용을 명확히 하고 있는 이혼과 재혼의 원리에 대해 이해하는 데는 큰 어려움이 있는 것 같습니다.

2. 이혼한 남자인 당신이 수잔과 결혼하는 것은 원수가 하나님의 백성들의 것을 약탈해가지 못하도록 보호해주는 하나님의 영적인 벽이 무너지도록 당신이 기여하는 것이 됩니다. 이 점을 당신이 이해하실 수 있도록 제가 최근에 집필

한 짧은 책에 나오는 예화를 당신께 나누겠습니다.

고대 시대에는 많은 인구가 새로운 곳에 정착해서 상업이 시작되고 경제가 축적되면 주변의 적인 다른 사람들의 약탈 대상이 되었습니다. 그래서 도시가 세워졌을 때 했던 첫 번째 일 중 하나는 도시를 둘러싼 높고 두터운 벽을 쌓는 것이었습니다. 벽을 쌓는 목적은 적이 들어오지 못하게 하려는 것이었습니다. 벽이 세워지기만 하면 그 도시는 안전해져서 소수의 용사들만 그 벽 위에 서서 약탈하러 오는 적을 쫓아내는 것만 하면 되었습니다. 벽이 세워지기 전에는 모든 사람이 용사가 되어서 적의 활동에 대해 염려하며 시간과 에너지를 거기에 써야 했습니다.

그런데 튼튼한 벽이 세워지고 나면 적들이 거의 오지 않았습니다. 반면에 벽이 완성되지 않으면 적들이 정착민을 공격하기가 훨씬 더 쉬웠습니다. 두 세대 정도가 벽으로 둘러싸여진 도시 안에 살다 보면 적이 거의 오지 않아서 도시 거주민들은 벽의 목적에 대해 인식하지 못하게 됩니다. 그런데 벽의 문제는 벽이 있음으로 적이 들어오지 못하게 막

아주는 동시에 거주민들을 벽 안에 머물게 만든다는 것입니다. 많은 경우 이것이 그들을 불편하게 할 수 있습니다.

벽으로 둘러싸인 도시 안에 살고 있던 어느 어부가 그 도시의 성벽 밖의 가까운 곳에 있는 어느 연못에서 한밤중에 제일 큰 물고기를 잡을 수 있다는 사실을 알게 되었다고 해봅시다. 그런데 어두워지면 도시로 들어오는 문이 닫히게 됩니다. 벽 가까이에 사는 이 남자는 밤에 벽을 들락날락할 수 있도록 벽에 작은 구멍을 내기로 결심합니다. 이 남자는 자기가 벽에 작은 틈새 하나쯤 내어도 도시에는 아무 지장이 없으리라고 생각합니다.

어느 날 이 남자의 친구가 이 남자에게 어떻게 그렇게 큰 물고기를 잡을 수 있냐고 묻습니다. 이 남자는 친구에게 비밀을 누설했고 그러자 친구도 자기 집 가까이의 벽에 작은 구멍을 냅니다.

이야기가 어떻게 진행되는지 여러분 상상이 되시나요? 곧 벽 주변에 사는 모든 사람들이 각자 자기 편한 대로 들락날락할 수 있도록 벽에 작은 구멍을 냅니다. 이렇게 두 세대 정도가 지나면 벽이 있었던 자리에 기둥 몇 개만 남게 됩니다. 모든 거주민들이 자신이 원하는 대로 들락날락 할 수 있으니 그들은 아주 편합니다. 그런데 이 소식이 적들에게 금방 전해지면서 적들이 도시를 약탈하기 시작합니다.

이런 상황이 되면 다시 모든 시민이 용사가 되어야 합니다. 아이들이 밖에서 아이들끼리만 놀 수가 없게 됩니다. 모든 사소한 일들이 생명을 위협하는 일이 됩니다. 빵 사러 길거리에 나가는 것도 위험한 일이 되고 밤에 집 밖에 나가면 적에게 공격 받게 될 수도 있어서 위험한 일이 됩니다. 이 거주민들은 하나님의 부르심과 삶의 목적을 추구하는 삶을 살지 못하게 되고 가족의 안전에 대한 염려에 사로잡혀서 살게 됩니다.

이것이 현재 우리 사회의 역적인 상대를 보여주는 그림입니다. 우리들 많은 사람들이 벽 없는 도시 안에 살면서 일상을 유지해가는 일에 사로잡혀 있어서 우리 삶의 부르심과 목적을 발견하고 추구할 시간과 에너지가 없습니다.

그런데 이 고대의 도시 정부가 도시의 벽을 재건하기

로 결정했다고 해봅시다. 처음 벽에 구멍을 냈던 어부의 손주들이 이제는 생선 장사를 하고 있는데 이 사업체의 직원 100명은 한밤중에 생선을 잡아야 되는 사람들입니다. 이들이 생선을 잡는 구역을 쭉 따라서 벽을 재건하겠다고 시정부가 발표하자 이 100명의 가족들이 다 반기를 듭니다. 벽을 재건하는 데 있어서의 문제는 벽을 재건할 때 그 세대의 사람들이 아주 큰 대가를 지불해야 된다는 것입니다. 그들은 자신들의 단기적인 유익을 선택할지 아니면 도시 전체와 미래 세대의 유익을 선택할지 선택해야만 됩니다.

> 네게서 날 자들이 오래 황폐된 곳들을 다시 세울 것이며 너는 역대의 파괴된 기초를 쌓으리니 너를 일컬어 무너진 데를 보수하는 자라 할 것이며 길을 수축하여 거할 곳이 되게 하는 자라 하리라
>
> (사 58:12)

하나님께서 우리 세대가 무너져 내린 벽을 재건하는 사람이 되도록 우리를 부르고 계신다고 저는 믿습니다. 우리는 하나님의 고대의 길이 더 파괴되게 하는 것이 아니라 고대의 길을 회복하고 벽의 틈새를 회복하도록 부르심을 받았습니다.

잭 형제님, 〈카리스마〉 잡지 1991년 1월호에 실린 미국 아이들의 삶에 관한 통계 자료를 좀 나누겠습니다. 이 자료에서 볼 수 있는 파괴적인 사건들은 미국 교회가 예수님의 기준이 아닌 사회의 기준을 받아들였기 때문에 생긴 결과라고 믿습니다.

당신이 재혼하지 않기로 선택하거나 당신의 전 아내와 합치려는 노력을 하겠다고 선택한다면 그것은 앗이 에회에서 자신은 피해와 손해를 볼지라도 도시 전체와 미래 세대를 위해서 벽을 재건하는 일을 지지하는 어부가 되는 것과 같은 것입니다. 어부가 벽을 재건하고 자신의 생계에 대해서 하나님을 신뢰하는 것이 아주 어려운 일이고 큰 대가를 지불하는 것처럼 당신이 재혼하지 않기로 결정하는 것도 아주 어려운 일이란 걸 저도 압니다.

매일 미국 아이들의 삶에서

매일 미국에서

2,795명의 십대 소녀들이 임신한다.

1,106명의 십대 소녀들이 낙태한다.

372명의 십대 소녀들이 유산한다.

689명의 아기들이 적절한 임신기간을 갖지 못한 엄마에게서 태어난다.

67 명의 아기들이 태어나서 1달 내에 사망한다.

105 명의 아기들이 돌이 되기 전에 사망한다.

27 명의 어린이들이 가난 때문에 사망한다.

10 명의 어린이들이 총기 때문에 사망한다.

30 명의 어린이들이 총기 때문에 다친다.

6명의 십대 청소년들이 자살한다.

135,000명의 어린이들이 총기를 소지하고 학교에 등교 한다.

7,742명의 십대 청소년들이 성행위를 한다.

623명의 십대 청소년들이 매독이나 임질에 걸린다.

211명의 어린이들이 약물남용 때문에 체포된다.

437명의 어린이들이 음주 또는 음주 운전 때문에 체포된다.

1,512명의 십대 청소년들이 학교를 중퇴 한다.

1,849명의 어린이들이 학대당하거나 방치된다.

3,288명의 어린이들이 가출한다.

1,629명의 어린이들이 성인 교도소에 수감된다.

2,556명의 어린이들이 부모가 결혼하지 않은 상태에서 태어난다.

2,989명의 어린이들이 부모가 이혼하는 것을 본다.[9]

---

9. From: The Almanac of the Christian World, pg.779, Edited by Edy the Draper, (c)1990 by Edy the Draper, Used by permission of Tyndale House Publishers,Inc., All rights reserved

목회자와 그리스도의 몸의 구성원인 우리가 계속해서 이혼과 재혼을 기독교인도 할 수 있는 선택 사항이라고 동조하고 승인하고 격려하는 것은 단기적으로는 자비와 은혜와 긍휼의 행동처럼 보이지만, 그렇게 할 때 장기적인 면에서는 전체 사회를 위한 보호의 벽을 무너뜨리는 것이고 벽을 재건하기를 계속해서 거부하는 것입니다. 그렇게 되면 우리는 하나님이 우리를 위해 결코 의도하지 않으신 상황에 들어가게 되고 하나님이 의도하지 않으신 선택을 해야만 되게 됩니다.

잭 형제님, 당신이 이혼하게 된 주요 이유가 당신과 전 아내가 어린 시절에 받았던 상처와 고통 때문이었다고 저는 감히 추측해봅니다. 당신과 아내의 가정에서 이전 2세대(부모와 조부모 세대)가 했던 선택 때문에 당신과 당신 아내의 가정 안에 역기능이 형성되었고 그래서 아마 당신 두 사람은 상처받았을 것입니다.

우리가 도시 전체를 희생시키면서 큰 물고기를 잡겠다는 어부 개개인의 단기적인 유익을 선택하는 것은 은혜도 아니고 자비도 아닙니다. 자신의 유익을 위해 벽의 건축을 반대하는 게 아니라 전체 사람들을 위해 벽을 재건하는 선택을 누군가가 언젠가는 시작해야 됩니다. 이것은 대가를 지불하는 선택이지만 잭 형제님, 저는 당신께 예수님과 그의 나라와 우리의 자녀와 손주들을 위해 이 선택을 할 것을 고려해 달라고 호소합니다. 우리가 보호의 벽을 재건하기를 거부할 때 원수는 이 무고한 다음 세대를 파괴하려고 합니다. 낙태의 영역에서 그런 것처럼 이 영역에서도 우리가 어떤 결정을 하는지에 따라 하나님 나라와 사람들의 삶의 성패가 좌우된다고 저는 믿습니다. 낙태 또한 하나님과 다른 타인은 고려하지 않고 자기 자신을 위해서 하는 선택입니다. 낙태와 이혼, 재혼의 유일한 차이점은 낙태할 때는 낙태라는 이름으로 죽임을 당하는 한 아기의 생명만 즉각적으로 직접 영향받는 것을 본다는 점입니다. 우리가 생선을 더 잡는 어업의 유익을 위해서 벽을 재건하지 않기로 선택할 때 누가 영향을 받게 되는지는 금방 보이지는 않습니다.

당신이 전 아내와 다시 합칠 수 없다라고 생각하는 중요한 이유가 당신 아내가 아직 치유되지 못해서 적절한 아내가 되지 못하는 것 때문이라면 당신 아내가 치유되기를 믿으며 기다리실 것을 고려해 주십시오. 당신의 전 아내는 마가복음 5장에 나오는 예수님이 군대 귀신을 내쫓아 주셨던 거라사의 광인(狂人)보다 더 상태가 나쁘지는 않을 것입니다. 마가복음 5:19에서 예수님은 악한 영이 떠나간 그 사람에게 집으로 돌아가서 하나님께서 그를 위해 어떤 위대한 일을 하셨는지 모든 사람들에게 알리라고 말씀하셨습니다.

지금 시대에 이 이야기를 한다면 아마 이야기는 '악한 영이 떠나간 남자가 집에 돌아갔더니 아내가 자신과 이혼하고 다른 남자와 재혼해서 살고 있음을 알게 되었다'라고 이야기가 끝날 것입니다.

3. 당신이 재혼하는 것은 결혼의 가치관을 절하시키는 것이고 결혼을 거룩한 것이 아닌 평범한 것으로 만드는 것입니다. 그것은 또한 '기독교인의 삶에 있어 하나님의 말씀

이 권위가 없다'라고 세상을 향해 증거하는 것이고, 교회가 세상의 가치관과 똑같은 가치관을 옹호하면서 짠 맛을 잃는 것입니다. (마태복음 5:13을 보십시오.)

여기서 중요한 이슈가 되는 것은 사람들의 눈에 비치는 하나님의 이미지와 하나님의 이름을 훼손시킨다는 것입니다. 우리는 그리스도의 몸으로서 이 땅에서 주변 사람들에게 하나님의 이미지를 보여주는 사람들입니다. 믿지 않는 사람들은 하나님이 누구이신지, 하나님이 어떤 분이신지 보기 위해 그리스도의 몸인 우리를 봅니다. 그리스도의 몸인 우리가 예수님의 가치관을 받아들이기보다 세상의 가치관을 받아들이면 우리는 우리 주변 사람들의 눈에 비치는 그리스도의 성품을 훼손하는 것이고 그들의 구원을 방해하는 장애물이 되는 것입니다.

하나님께서 에스겔 36:17-33에서 하나님의 백성들에게 새 마음을 주시고 그들 안에 하나님의 영을 넣으시는 중요한 이유는 그들 자신을 위해서가 아니라 '하나님의 이름'을 위해서라고 말씀하십니다.

그들이 이른바 그 여러 나라에서 내 거룩한 이름이 그들로 말미암아 더러워졌나니 곧 사람들이 그들을 가리켜 이르기를 이들은 여호와의 백성이라도 여호와의 땅에서 떠난 자라 하였음이라 그러나 이스라엘 족속이 들어간 그 여러 나라에서 더럽힌 내 거룩한 이름을 내가 아꼈노라

그러므로 너는 이스라엘 족속에게 이르기를 주 여호와께서 이같이 말씀하시기를 이스라엘 족속아 내가 이렇게 행함은 너희를 위함이 아니요 너희가 들어간 그 여러 나라에서 더럽힌 나의 거룩한 이름을 위)함이라 (겔 36:20-22)

하나님께서 이스라엘 사람들을 정죄하고 판단하기 위해서 이렇게 말씀하신 것이 아니고, 하나님이 교만이나 자기애(自己愛) 때문에 자신의 거룩한 이름에 대해 신경쓰고 계

신 것도 아닙니다. 하나님은 모든 사람들을 향한 사랑과 자비 때문에 이런 방식으로 말씀하신 것입니다. 하나님의 이름은 하나님의 성품을 대표하는 것인데 하나님의 백성들 때문에 하나님을 모르는 사람들의 눈에 비치는 하나님의 이름이 훼손되면 그러면 그들이 하나님을 알게 되는데 방해가 되고 장애물이 생기게 되는 것입니다. 이것이 하나님의 이름에 관한 주요 사항입니다.

다시 한 번 여기서의 이슈는 죄나 회개나 용서가 아닙니다. 죄가 하나님의 이름과 하나님의 성품을 훼손시키는 게 아닙니다. 사람들을 향한 하나님의 사랑의 마음 때문에 하나님은 사람들이 어떤 상태로 우리에게 오건, 그들이 과거에 무엇을 했건 관계 없이 교회인 우리가 그들을 사랑하고 용납하고 받아주기를 원하십니다. 교회 안에 있는 사람들이 죄를 지을 때 '하나님의 이름을 높이기 위해서' 그들을 정죄하고 판단하고 그들 얼굴 앞에서 성경책을 흔들어대는 것이 우리가 할 일이 아닙니다. 이런 태도도 다른 사람들의 눈에 비치는 하나님의 이름과 성품을 훼손하는 것입니다. 사람들이 죄를 지을 때 우리는 그들을 사랑하고 용납하고 지도해주고 회개하도록 촉구하고 그들이 회개할 때 용서하고 그들을 하나님께로 데려갈 부르심이 있습니다. 이것이 하나님의 마음과 성품을 보여주는 방법이라고 믿습니다.

그래서 이 문제에 있어 제가 하나님의 이름과 성품에 대해 신경 쓰는 점은 죄와 용서에 대해서가 아니라 성경에서 예수님이 제시하시는 가치관에 위배되는 가치관을 교회가 받아들인다는 점입니다. 교회 안에 있는 우리가 그리스도의 몸 전체와 사회를 희생시키면서 개개인을 위한 은혜라는 이름으로 하나님의 말씀에 위배되고 통계적으로 볼 때 사회 전체를 파괴하는 가치관을 받아들이면 우리는 다른 사람들의 눈에 비치는 하나님의 이름을 훼손시키는 일에 참여하는 것입니다.

에베소서 5장에서 바울은 결혼이 그리스도와 교회의 관계를 보여주는 이 땅의 그림이라고 말합니다. 결혼에 있어 가장 근본적인 가치관은 언약의 개념이라고 저는 믿습니다. 그렇기 때문에 결혼이 그리스도와 교회의 관계를 대표해서 보여주는 것입니다. 하나님께서 그리스도의 보혈로 우리와 언약을 맺으셨습니다. 오늘날 결혼할 때 대부분의 사람들은 여전히 계약보다는 성경적인 개념인 언약의 언어를 사용합니다. 목회자는 보통 결혼이 하나님의 성스러운 제도라고 말하며 결혼을 '성혼(성스러운 혼인)'이라고 부릅니다. 결혼식에는 인사, 언약 조항, '죽음이 우리를 갈라놓을 때까지'의 서약, 언약의 외적인 단서(반지)의 교환, 증인의 참석, 피(우리의 피가 아닌 성찬식에서의 예수님의 피)로 인쳐짐, 이름의 교환과 같은 보통 공식적인 피 언약에 있는 요소들이 다 포함되어 있습니다.

그런데 우리 사회에서 (많은 교회까지 포함해서) 결혼에 있어서의 성경적인 언약의 가치관을 계약의 가치관으로 교환했습니다. 언약과 계약의 차이점은 다음과 같습니다

언약은 죽음이 있을 때까지 유효한 편무적인 위탁입니다. 그것은 상대방 사람의 행동에 의해 좌지우지되지 않습니다. 언약을 어떻게 실행했는지 제가 읽어본 바에 따르면 언약을 맺은 사람은 언약을 어기는 일이 있게 되면 그 전에

먼저 죽었습니다. 이것이 바로 예수님께서 교회와 맺으시는 관계입니다.

이에 비해 계약은 양자 간에 제안하고 받아들여서 체결되는 쌍무적인 합의인데 어느 한쪽 사람이 계약 사항을 실행하지 않으면 파기될 수 있는 합의입니다.

교회인 우리가 결혼에 있어서의 하나님의 언약의 가치관을 세상의 계약의 가치관으로 교환하고 개개인을 위한 '은혜'라는 이름으로 이렇게 하는 것이 옳다라고 가르치면 우리는 하나님의 이름과 성품을 잘못 대표해서 보여주는 것이고, 그리스도와 교회와의 관계를 잘못 보여주는 것입니다. 그러면 사회 전반적으로 그리고 특히 교회 안에 버림받는 것에 대한 굉장한 불안과 두려움을 풀어내는 것입니다.

여러 목회자들과 얘기해 보면서 그리고 저의 사역의 경험을 통해 제가 알게 된 것은 오늘날 사람들의 삶에서 우리가 다루게 되는 가장 큰 문제 중 하나는 버림받는 것에 대한 불안과 두려움입니다. 기독교인인데도 마음에서는 하나님이 내게 정말 관심이 있으시고 계약(나의 행위에 따라 달라지는)이 아니라 언약(예수님의 보혈로)으로 하나님이 내게 위탁하셨다는 것을 확신하지 못하는 사람들이 있습니다. 이것은 우리가 결혼에 있어서의 하나님의 언약의 가치관을 버리고 계약이라는 세상의 아이디어를 받아들여서 생긴 결과입니다.

우리가 이렇게 가치관을 교환한 지 두 세대 내지 세 세대 정도가 되었고 그래서 이제는 많은 부부 관계 안에 굉장한 역기능성이 생겨서 서로를 너무나 상하게 하는 결과를 거두고 있습니다. 많은 경우 부부가 서로에게 해를 입히지 못하게 하고 치유되게 하기 위해서 두 사람을 분리시켜야 합니다. 그 기간이 짧을 수도 있고 긴 시간이 될 수도 있습니다.

그런데 교회 안에 있는 우리가 그런 사람들이 '행복해지기'를 원하는 마음에서 그들에게 언약을 버리고 계약을 받아들이고 다른 사람을 찾아서 새 계약 안에 들어가라고 격려한다면, 우리는 하나님의 성품과 그리스도와 교회와의 관계를 잘못 보여주는 것입니다. 그렇게 하면 버림받는 것에 대한 불안과 두려움이 생기고 그러면 세대를 내려가면서 계속적으로 학대, 동반 의존, 통제, 조종, 수치심과 역기능성의 열매를 맺게 됩니다. 우리는 이제 개개인을 보는 것을 넘어서서 우리가 개개인의 단기적인 행복을 위해서 하는 선택 때문에 많은 가정과 사람들에게 어떤 일이 일어나고 있는지 봐야 됩니다.

성경 전체에서 저는 타인과 하나님 나라를 위해서 자신의 개인적인 행복과 편안함을 포기한 사람들의 예를 보게 됩니다. 이것은 우리가 누군가에게 율법주의적으로 강요할 수 있는 것이 아니고 기독교인들에게 예수님을 위해서 '고결한 순교자'의 태도를 가지라고 말로 해서 되는 것도 아닙니다.

하지만 잭 형제님, 저는 당신께 당신의 선택으로 인해서 당신의 자녀들과 그리고 그리스도의 몸 전체에 장기적으로 어떤 결과가 생기게 되는지를 고려해달라고 호소합니다. 당신이 전 아내와 합치지 않으면 남은 평생을 혼자 살게 될지라도 결혼에 있어 언약의 가치관을 받아들이고 지키실 것을 고려해주십시오.

제가 당신 입장에 있어보지 않았고 당신이 경험하신 것을 저는 겪어보지 않았기에 제가 지금 당신에게 고려해 달라고 하는 바를 당신의 관점에서는 평가할 수 없지만 하나님은 공의로우시고 친절하신 분이심을 제가 압니다. 그리고 또한 당신이 싱글로 살거나 전 아내와 합치는 노력을 함으로 그리스도의 언약의 이미지를 실천해야 된다는 것을 압니다. 전 아내와 합치는 노력을 하면 당신은 실망하지 않게 될 것이고 전에 경험했던 상실을 하나님께서 그 이상으로 보상해 주실 것입니다.

잭 형제님, 이 사항에 대한 제 마음을 나눈 것을 들어주셔서 감사 드립니다. 왜 당신이 수잔과 이성교제 하는 것을 제가 찬성할 수 없는지 좀 자세하게 나눠야 될 필요가 있겠다고 느껴서 이렇게 글을 썼습니다. 저는 당신 두 사람을 다 깊이 사랑하고 당신이 어떤 선택을 하든지 간에 당신이 그리스도 안에서 제 형제라는 사실에는 변함이 없습니다. 그리고 또한 제가 당신을 사랑하고 당신 삶을 향한 하나님의 최선을 바란다는 사실에도 변함이 없습니다.

그리스도 안에서 형제된

크래그 힐 목사 드림

CHAPTER 4

만약에 나는 이미 재혼한 사람이라면?

제 4 장

만약에 나는 이미 재혼한 사람이라면?

많은 사람들이 이렇게 말합니다. "저 이혼했고 이미 다른 사람과 재혼했는데요. 저는 어떻게 되나요?" 앞 Chapter에서 나눈 편지에서 제가 언급했던 대로 이 경우에는 **1)이혼과 2)재혼**의 두 가지 영역의 죄를 다루어야 됩니다. 언약을 어긴 것이 중요한 이슈이기 때문에 이것에 대한 회개가 있어야 됩니다. 이혼할 때 이혼을 주도한 배우자가 언약을 어긴 것입니다. 그리고 이혼의 피해자, 이혼을 당한 사람이 재혼하면 그 사람도 언약을 어기는 것입니다. 예수님은 이것을 간음이라고 부르셨습니다.

제가 성경을 연구한 바에 따르면 예수님이 여기서 말씀하시는 간음은 재혼한 부부가 계속적으로 하는 성관계를 말하는 것이 아니라 재혼의 행위 자체를 말하는 것입니다. 그러면 다른 모든 죄가 그런 것처럼 이 재혼의 죄도 회개와 용서를 통해 다루어져야 됩니다.

지난 챕터에서 인용했던 편지에서 언급했던 대로 전 배우자 아닌 다른 사람과 재혼하는 것은 낙태와 같은 것으로 간주될 수 있습니다. 죄가 있을 때 회개하고 하나님께 동의하기 전까지는 항상 죄책감과 정죄감이 마음에 남아 있습니다.

이혼과 재혼은 용서받을 수 없는 죄일까요? 아닙니다.

용서받을 수 있습니다. 혼전 성관계와 낙태도 마찬가지입니다. 하지만 여자가 낙태한 죄를 계속 합리화하면서 옳은 것을 한 것이라고 주장하면 그녀는 낙태의 죄에 대한 죄책감으로부터 결코 자유로워지지 못합니다. 재혼도 이것과 똑같습니다.

재혼한 부부는 흔히 제게 이렇게 말합니다.

"하나님께서 우리가 결혼하도록 인도하셨다고 믿기 때문에 우리는 재혼한 것에 대해 회개하지 않을 거예요. 우리가 결혼하는게 하나님의 뜻이란 걸 하나님께서 정말 너무나 명확하게 확인시켜 주셨어요."

이처럼 부부가 주님의 음성을 들었다는 간증에 대해서는 당연히 논쟁하기가 어렵습니다.

하지만 성경에 기록된 대로 예수님은 재혼을 간음이라고 부르십니다.

무릇 자기 아내를 버리고 다른 데 장가 드는 자도 간음함이요 무릇 버림당한 여자에게 장가드는 자도 간음함이니라

(눅 16:18)

그러니까 하나님의 인도하심을 받아서 재혼했다고 말하는 부부의 상황에서는 완전히 서로 반대되는 두 가지의 것이 있는 것입니다. 그 사람은 "예수님이 명확히 '간음'이라고 부르시는 것을 하도록 우리를 인도하셨다."라고 말하고 있는 것입니다. 하나님은 우리가 죄(간음하는 것)를 짓도록 인도하시지 않기 때문에 저는 재혼한 사람 아니면 예수님 둘 중의 한 명이 속임을 당하며 하나님의 뜻을 잘못 해석한 것이란 결론을 내리게 됩니다.

당연히 예수님이 하나님의 뜻을 잘못 아신 것은 아니죠. 그런데 많은 경우 재혼한 부부는 이것을 받아들이기가 아주 어렵습니다. 이혼이라는 감정적 외상을 겪는 일도 너무 힘들었는데 성경에서 재혼을 간음이라고 부른다는 사실을 받아들이는 것 또한 너무나 어렵습니다.

안타깝게도 그리스도의 몸 안에 있는 우리가 성령의 인도하심을 받고자 하는 마음에서 성경에 명확히 쓰여진 것보다 주님께서 우리에게 말씀하시는 것을 듣는 주관적인 경험에 더 많은 무게를 싣고 더 많이 강조하게 되었습니다.

이것으로 인해 사람들은 성경에 명확히 기록된 규범에 대해 기도하게 됩니다. 이렇게 하면 우리 자신을 속임을 향해 열게 됩니다.

저는 기도를 통해서 주님의 인도하심을 받고 외도를 하게 되었다고 말하는 기독교인들도 만난 적이 있습니다. 이 사람들은 주님의 인도하심을 받아서 배우자와 이혼하고 다른 사람과 재혼했습니다. 기독교인인 우리는 은행을 털지, 차를 훔칠지, 외도를 할지, 낙태를 할지, 배우자와 이혼하고 다른 사람과 재혼할지에 대해 기도할 필요가 없습니다. 이런 일들은 이미 성경에 명확히 다루어져 있습니다. 이런 것에 대해 기도하면 거의 항상 속임 쪽으로 가도록 인도함을 받게 됩니다.

우리 자신에게 이렇게 질문하는 목소리를 우리는 항상 듣게 될 것입니다. "하나님이 정말 그렇게 말씀하셨어?" 그리고는 금방 이런 소리가 들릴 것입니다 "하나님이 ㅅ실 그딘 뜻으로 말씀하신 건 아니야." 에덴 동산에서 뱀이 이브에게 이런 비슷한 말을 한 이후로 아무것도 달라지지 않았습니다.

제가 책의 서론에서 말씀드렸던 대로 한 사람의 도덕성이 거의 항상 그의 신학을 결정짓습니다. 사람들은 어떻게 살고 싶은 지를 먼저 선택하고, 그리고 나서 자신의 삶의 스타일에 맞도록 성경 해석을 구성하고 맞추는 쪽으로 살고 있습니다.

진실은 그 반대 입니다. 먼저 하나님의 말씀에 맞출 것을 결심하고 그 다음에 자신의 삶을 성경대로 살고자 해야 합니다. 정말 성경이 뭐라고 말하는지 알기 위해서 객관적으로 성경을 읽고, 어떤 대가를 지불하고라도 자신의 삶을 성경 말씀에 맞출 정직함과 하나님에 대한 신뢰를 가진 사람은 드뭅니다.

기독교인들이 과거에 죄를 지었거나 실수했을 때 부모님이나 목사님, 영적 지도자들이 그들을 대했던 방식 때문에 그들 안에 거절당하고 창피당하고 벌 받을 것에 대한 큰 두려움이 자리잡고 있고 그것이 그들의 삶에서 강력한 힘으로 작용하고 있습니다. 이 두려움은 하나님께도 투사되어서 재혼한 부부는 하나님의 말씀에 동의해서 회개하기보다는 그들이 했던 잘못된 선택을 합리화합니다. 하나님은 우리가 경험했던 어떤 사람들과도 같지 않은 분인데 말입니다. 하나님께서 우리를 다루실 때는 항상 사랑으로 다루시고 우리에게 가장 유익이 되게 하려는 마음으로 우리를 다루십니다.

재혼한 부부가 범했던 이혼과 재혼의 죄를 합리화하기를 그만하고 죄를 인정하고 회개하고 이 영역에 대해 하나님과 동의하면 재혼한 부부의 부부 관계 안에 새로운 자유함이 생기는 걸 저는 많이 봤습니다. 회개하기 때문에 예수님의 보혈로 인한 용서와 씻김이 옵니다. 그런데 그들이 하나님과 동의하지 않고 잘못된 것을 합리화하면 예수님의 보혈을 발로 짓밟는 것이기 때문에 분명히 씻김과 용서가 없습니다(히브리서 10:26-29을 보십시오).

겸손하게 하나님께 동의하고 회개하면 용서받게 되고 죄책감으로부터 자유로워지고 씻김과 치유와 축복이 오게 됩니다. 여러분이 재혼한 사람이고 재혼이 간음의 죄라는 걸 깨닫게 되셨다면 다음의 회개와 용서의 기도를 하시도록 인도하고 싶습니다.

"하나님 아버지, 아버지께서 저를 사랑하시니 감사드리고 당신이 저의 적이 아니라 제 편이셔서 감사드립니다, 주님, 제가 이혼했던 죄를 회개합니다. 그리고 당신께 동의합니다. 이혼은 잘못된 것입니다. 저를 용서해주시옵소서. 제가 언약을 어겼고 재혼의 죄를 통해서 간음을 행했음을 깨달았습니다. 그것은 잘못된 것이었습니다. 언약을 어겼던 것을 회개합니다. 저를 용서해주시고 씻어주시고 모든 죄책감을 제거해주시옵소서. 주 예수님, 저를 위해서 보혈을 흘려주셔서 감사드립니다. 당신이 주시는 용서를 받습니다. 그리고 이제 저 자신을 당신께 완전히 맡겨 드립니다. 제가 저 자신의 것이 아님을 인정합니다. 저는 당신 것입니다. 그리고 이제는 저 자신의 행복과 만족을 위해 살지 않겠습니다. 이제부터는 어떤 대가를 지불할지라도 하나님의 나라, 당신의 이름, 사람들의 눈에 비치는 당신의 이미지를 위해 살기로 선택합니다. 제가 이제까지 결혼을 계약으로 대했던 것을 용서해주시옵소서. 이제부터는 언약을 지키는 사람이 될 수 있도록 제게 능력을 주시는 당신의 은혜를 구합니다. 아멘."

어떤 사람이 이혼과 재혼의 죄에 대해 정말 신실하게 회개했고 하나님으로부터 그것에 대한 용서를 받았는데, 그 사람의 전 배우자가 그 사람과 다시 합칠 것에 대한 믿음이 없고 그것을 원하지 않는다면 여호수아 9장에서 이스라엘과 기브온 주민 사이에 맺었던 언약처럼 그 사람의 재혼을 언약으로 볼 수 있다고 저는 믿습니다.

하나님께서 여호수아와 이스라엘 백성들에게 그 땅에 사는 모든 가나안인들을 제거하라고 말씀하셨습니다. 그들은 여리고성과 아이성을 이미 전멸시켰고 이제는 기브온 주민이 있는 하위성을 향해 가고 있었습니다. 기브온 주민은 여리고성과 아이성에 무슨 일이 일어났는지 이미 듣고는 아주 무서워하는 상태였습니다. 기브온 주민의 장로들은 여호수아를 속여서 이스라엘인들이 기브온 주민과 평화의 언약을 맺게 할 꾀를 고안해냈습니다. 그들은 이스라엘인들이 자신들과 언약을 맺게 되면 이스라엘인들이 자신들에게 아무 해를 입힐 수 없다는 것을 알았습니다.

기브온 주민은 멀리서 온 것처럼 보이게 하려고 낡은 옷과 낡은 신발, 마르고 곰팡이 난 빵과 찢어져서 기운 포도주 가죽 부대를 가진 사신을 이스라엘 진영에 보냈습니다. 그들은 도착해서 여호수아 앞에 이런 상태로 나타나서 자신들은 가나안에 거주하는 사람들이 아니고 멀리서 왔다고 말하면서 평화의 언약을 맺으려고 했습니다.

여호수아와 이스라엘 장로들은 주님께 묻지 않고 기브온 사신의 말을 그냥 믿고 그들과 평화의 언약을 맺었습니다.

3일 후에 여호수아는 기브온 주민들이 자신을 속였다는 것과 그들이 가나안에 사는 사람들이란 걸 알게 되었습니다. 이스라엘 전체가 기브온 주민을 다 죽이고 싶어 했지만 그들이 맺었던 언약 때문에 여호수아와 지도자들은 이스라엘인들이 기브온 주민을 죽이지 못하게 막았습니다.

이 언약이 애초에 맺지 않았어야 될 언약이었고 사기와 속임을 통해 맺어진 언약이었을지라도 일단 언약이 맺어지자 이스라엘 인들은 그 언약을 지켜야 했습니다. 여호수아와 지도자들은 언약이 무엇인지, 언약이 하나님 앞에서 어떤 가치가 있는 것인지 잘 알았습니다. 이 언약이 하나님께서 이스라엘인들에게 죽이라고 명령하셨던 이교도인인 가나안인들과 속임 가운데 맺어졌던 언약이었을지라도 그들은 그 언약을 어길 수가 없었습니다.

여호수아는 언약에 대한 굉장히 강한 개념이 있었기 때문에 기브온 주민을 살려주었을 뿐만 아니라 여호수아서 10장에서 여호수아와 이스라엘인들은 기브온 주민이 적과 싸울 때 적을 패배시킬 수 있도록 그들과 함께 싸우기까지 했습니다. 하나님은 이 언약의 가치관을 너무나 존중하셔서 하나님이 선택하신 백성인 이스라엘 백성 개개인의 행복과 안녕보다 이스라엘인이 기브온 주민과 맺은 언약을 더 중요히 대하셨습니다.

사무엘하 21장에서 이스라엘에 기근이 왔습니다. 다윗 왕이 주님께 기근에 대해 질문했을 때 주님은 이 기근은 사울 왕이 언약을 어기고 기브온 사람들을 죽였기 때문에 생긴 결과라고 알려주셨습니다. 다윗 왕이 기브온 사람들에게 가서 이전 왕 사울이 반역의 행동을 했던 것에 대해 회개하고 보상했을 때에야 기근이 끝났습니다. 여기서도 다시 한 번 아예 처음부터 맺지 않았어야 했던 언약일지라도 언약을 맺었을 때 하나님께서 그 언약을 존중하시고 거기에 큰 가치를 두시는 것을 볼 수 있습니다.

이혼하고 재혼한 경우도 그렇습니다. 예수님은 재혼을 간음이라고 부르셨고 그래서 재혼은 있지 않아야 될 일입니다. 하지만 다른 모든 죄가 그런 것처럼 재혼도 용서될 수 있습니다.

> 만일 우리가 우리 죄를 자백하면 그는 미쁘시고 의로우사 우리 죄를 사하시며 우리를 모든 불의에서 깨끗하게 하실 것이요 만일 우리가 범죄하지 아니하였다 하면 하나님을 거짓말하는 이로 만드는 것이니 또한 그의 말씀이 우리 속에 있지 아니하니라 (요일 1:9-10)

재혼의 죄를 인정하고 하나님과 동의하고 회개와 용서가 있었는데 이전 배우자가 언약을 지키려는 사람이 아닌 경우에는 하나님께서 맺지 말라고 금지하신 언약(재혼)일지라도 하나님께서 이스라엘인과 기브온 주민과의 언약을 존중하시고 축복하셨던 것처럼 재혼의 언약도 존중하시고 축복하신다고 믿습니다.

CHAPTER 5

언약을 지키는 자를 향한 하나님의 신실하심

제 5 장

언약을 지키는 자를 향한 하나님의 신실하심

제가 알게 된 지 2년 된 너무나 훌륭한 여성인 메를린 콘래드Marilyn Conrad라는 분이 있는데 그녀는 이혼의 비극을 겪은 후에 재혼하지 않기로 선택하고 신실하게 결혼 언약을 지키면서 그리스도 안에서 자신의 삶을 다시 세워나가기로 한 사람입니다. 메를린의 경험의 이야기는 이런 것이었습니다.

메를린의 간증

1980년 1월 새벽 4시 30분에 제 남편은 저를 떠나고 싶고 이혼하기를 원한다고 선언했습니다. 침실 창문으로 저는 남편이 차를 몰고 집을 나가는 걸 봤고 제 얼굴에는 눈물이 흘렀습니다. 너무나 고통스러운 상태에서 저는 무릎을 꿇고 주님께 두 가지를 기도했습니다. 먼저 주님께 저부터 시작해서 제가 어느 부분에서 잘못했고 변화될 필요가 있는지 보여달라고 기도했고, 그리고 저의 부부 관계를 치유할 수 있도록 도와달라고 기도했습니다.

저희 부부는 결혼한지 27년 되었습니다. 우리는 대학생 아들 하나와 고등학교를 갓 졸업한 아들 하나가 있었습니다.

목사이며 전도자였던 제 남편은 우리 교단에서 유명한 사람이었고 사랑과 존경을 받는 사람이었습니다.

저는 이혼과 재혼에 관한 하나님의 뜻을 알고자 성경을 찾아보기 시작했습니다. 결혼할 때 하나님 앞에서 "죽음이 우리를 갈라놓을 때까지 당신을 사랑하고 존중하고 순종하겠습니다"라고 서약했지만 제 남편이 결혼 관계를 끝내려고 하는데 제가 계속 그 사람에게 위탁될 권리가 있는 걸까요? 이 상황을 변화시키도록 제가 할 수 있는 것은 아무 것도 없는 걸까요? 제 남편의 자유 의지가 하나님의 뜻보다 우월한 건가요? 기도하는 게 무슨 의미가 있을까요?

저는 2주 동안 성경을 공부했고 그리고는 중보기도에 대한 책을 읽었습니다. 그 책을 다 읽고 내려놓으면서 저는 제가 남편을 위해 빈 틈에 설 언약의 권리가 있다는 걸 알게 되었습니다. 남편의 자유 의지를 꺾으려는 기도를 하는 게 아니라 제가 영적 전쟁을 하면 남편 위에 있는 견고한 진이 무너져서 남편이 하나님의 음성을 들을 수 있게 된다는 것을 저는 알게 되었습니다. 남편이 하나님의 음성을 들으면 남편의 의지가 하나님의 뜻에 맞추어질 수 있는 것이었습니다.

저는 바닥에 엎드려서 하나님의 말씀을 선포하며 남편을 위해서 중보기도하기 시작했습니다. 그리고 저는 얼마 전에 방언을 받았기에 방언으로 기도하기 시작했습니다. 그러자 중보 기도에 관한 책에서 읽었던 것과 같은 이상한 일이 일어났습니다. 저는 신음했고 해산의 진통을 겪기 시작했습니다. 그것은 마치 제가 머리에서 하던 기도가 영으로 내려가는 것과 같았습니다. 제 영에서 일어나고 있는 일을 머리는 이해하지 못했지만 성령님께서 제 남편을 위한 하나님의 온전한 뜻을 기도하고 계시는 거란 걸 저는 알았습니다 (로마서 8:26-27을 보십시오). 그리고 나서 바닥에서 일어났을 때 저는 현실 상황이 어떻든지 관계없이 제 부부 관계가 치유되었다는 것을 너무나 분명히 알았습니다.

주님께서 저를 히브리서 11장으로 인도하셨습니다.

믿음은 바라는 것의 실상이요 보이지 않는 것들의 증거니

(히 11:1)

현실적으로는 부부 관계가 치유되는 것이 보이지 않았지만 제 영 안에는 그 실상이 있었습니다. 기록된 하나님의 말씀 **로고스**가 하나님께서 제게 개인적으로 말씀하시는 **레마**의 말씀이 된 것입니다. **"말씀 하셨던"** 말씀이 **"말씀 하고 계신"** 말씀이 된 것입니다. 이것이 얼마나 중요한 것인지를 저는 그다음 몇 달, 몇 년간 깨닫게 되었습니다.

하나님이 말씀하시면 어느 누구도 우리에게서 이 실상을 빼앗아갈 수 없습니다. 현실 상황이 변화되지 않기 때문에 우리 자신이나 다른 사람들이 의문을 제기하기 시작할 때 우리는 하나님께서 나에게 처음 말씀하셨던 그 말씀으로 돌아갈 수 있습니다.

우리가 무언가를 향한 믿음을 가지고 설 때 많은 경우에 하나님은 우리에게 처음과 끝은 알려주시지만 중간은 알려주시지 않는다는 것을 저는 곧 알게 되었습니다 아마 하나님은 우리가 포기하려고 하는 때가 온다는 것도 아시는 것 같습니다! 하박국 2장에서 이렇게 말합니다.

여호와께서 내게 대답하여 이르시되 너는 이 묵시를 기

록하여 판에 명백히 새기되 달려가면서도 읽을 수 있게 하라 이 묵시는 정한 때가 있나니 그 종말이 속히 이르겠고 결코 거짓되지 아니하리라 비록 더딜지라도 기다리라 지체되지 않고 반드시 응하리라 (합 2:2-3)

그래서 저는 제 "기다림"의 시간을 살기 시작했습니다. 첫해는 저 자신을 위한 치유의 시간이었습니다.

주님께서 제게 용서의 중요성을 가르쳐주셨고 그리고 용서는 시간이 걸리는 과정임을 알려주셨습니다. 너무나 여러 번 주님은 용서가 제 감정이 어떻든지 관계없이 의지로 선택하는 것임을 가르쳐주셨습니다. 또 주님은 제게 용서란 상처에 대한 저의 권리를 포기하는 것이란 것도 보여주셨습니다. 저는 남편을 용서했고 저 자신을 예수 그리스도의 치유의 능력을 향해 열었습니다. 치유의 과정이 계속되면서 예수님께서 제 안에 깊은 일을 하기 시작하셨습니다.

주님께서 저의 마음에 대해 보여주기 시작하셨습니다. 저는 제 안에 있는 '**자기 의**'와 '**율법주의**'를 보았고, 이런 영과 태도가 떠나가야 된다는 것을 알았습니다.

마태복음 7장에서는 이렇게 말합니다.

어찌하여 형제의 눈 속에 있는 티는 보고 네 눈 속에 있는 들보는 깨닫지 못하느냐 보라 네 눈 속에 들보가 있는데 어찌하여 형제에게 말하기를 나로 네 눈 속에 있는 티를 빼게 하라 하겠느냐 외식하는 자여 먼저 네 눈 속에서 들보를 빼어라 그 후에야 밝히 보고 형제의 눈 속에서 티를 빼리라. (마 7:3-5)

이것을 이렇게 말할 수도 있습니다. "하나님이 당신 안에 일하시게 하라. 그래서 하나님께서 당신을 통해 일하실 수 있게 하라."

저는 제 남편의 생각이 변화되어서 우리가 이혼하지 않게 되리라 믿었습니다. 그런데 그렇게 되지 않았고 우리는 이혼하게 되었습니다. 실망했지만 그래도 저는 인간이 내린 판결이 하나님의 언약을 깨뜨릴 수 없다는 것을 알았습니다. 그리고 또한 인간이 하나님을 제한할 수 없다는 것을 알

앉고 현실 상황이 어떻든지 관계없이 하나님이 약속하신 것을 행하실 것을 제가 정말 신뢰하면 하나님께서 분명히 그렇게 하실 거라는 것을 알았습니다. 눈에 보이는 것, 들리는 것, 느낌으로 좌지우지 될 수 없다는 것도 저는 알았습니다.

우리는 눈을 예수님께 고정시켜야만 합니다. 고린도후서 4장에서는 말합니다.

우리가 주목하는 것은 보이는 것이 아니요 보이지 않는 것이니 보이는 것은 잠깐이요 보이지 않는 것은 영원함이라.

(고후 4:18)

또 마태복음 19:6은 말합니다.

그런즉 이제 둘이 아니요 한 몸이니 그러므로 하나님이 짝지어주신 것을 사람이 나누지 못할지니라 하시니.

(마 19:6)

누군가가 이 명령에 순종해서 믿음으로 서서 언약을 붙잡으면 영적 세계에서는 이혼 판결이 하나님 앞에서 맺었던 언약을 종료시키지 못합니다. 땅의 영역에서는 이혼을 인정하고 결혼한 사람으로서의 특권을 포기합니다.

그러나 인간이 내린 판결과 그 결과가 우리의 기도와 금식을 통해 변화될 수 있습니다. 하나님께서 제게 보여주신 예는 구약성경 에스더에서 유대인들이 금식하며 기도했을 때 하나님께서 왕의 마음을 돌리신 것입니다. 그래서 모든 유대인을 다 죽이라는 칙령이 취소되었고 이 상황이 오히려 유대인이 승리하는 계기가 되었습니다.

그리고 나서 대부분의 사람들이 하나님이 문을 닫으시는 것으로 해석할 만한 사건이 일어났습니다. 제 남편이 재혼한 것입니다. 저는 당장 주님께 나가서 질문했습니다. "제가 어느 부분에서 당신의 음성을 잘못 들은 건가요? 제 부부 관계가 치유되었다고 당신이 말씀하셨잖아요." 그러자 제 영으로 이런 음성이 들려왔습니다. "딸아, 네가 잘못 들은 게 아니다. 다시 한번 여기서도 내 말이 현실 상황을 넘어설 것이다". 그리고 나서 저는 "무효"라는 단어를 들었습니다.

그래서 저는 다시 하나님의 말씀으로 돌아갔습니다. 마태복음 19장에서 또 다시 예수님이 말씀하십니다.

내가 너희에게 말하노니 누구든지 음행한 이유 외에 아내를 버리고 다른 데 장가드는 자는 간음함이니라.

(마19:9)

사람의 눈에 보기에는 재혼이 합법적인 것이지만 예수님은 그것을 간음이라고 부르십니다. 그래서 저는 계속해서 조용히 결혼의 언약을 붙잡았습니다. 저는 다른 사람들에게 제 상황에 대해서 이야기할 때는 신중하고 지혜롭게 이야기했고 하나님이 계속해서 제 안에서 일하시게 했습니다.

어느 날 기도하다가 저는 (영으로) 제 남편이 큰 건물 앞에 차를 세워놓고 차 안에 앉아 있는 걸 봤습니다. 그리고 저는 이런 말씀을 들었습니다. "그는 자신이 뭘 해야 되는지 알고 있고 그것을 하려고 이제 계획하고 있단다." 그 뒤로 저는 계속 기도했고 두 달 후에 그의 결혼이 무효화 되었다는 소식을 들었습니다. 그때 저는 두 달 전에 제가 기도하며 봤던 것이 제 남편이 변호사 사무실 앞에 있었던 것임을 알게 되었습니다.

그때가 우리 첫 손주가 태어날 때쯤이었고 저는 그때 매일 이렇게 선포했습니다. "주님, 우리 손주는 분열되고 깨어진 가정에 태어나지 않을 것입니다." 지역 조간 신문에 제 손주의 출생 소식이 실렸던 날 손주의 출생 소식 바로 옆에 제 남편의 비언약적 결혼이었던 그 두 번째 결혼이 무효화 되었다는 기사가 실렸습니다.

저는 이런 상황에 있는 어느 여자도 패배자라고 생각하지 않기 때문에 남편과 결혼했던 그 여자를 위해서도 1년간 기도했습니다. 그리고 나서 어느 날 아침부터는 주님께서 제가 그녀를 위해 더 기도하지 않아도 된다는 마음을 주셨습니다. 나중에 친구를 통해서 듣게 되었는데 그 여자가 회개했고 자신이 제 남편과 결혼한 것이 아예 처음부터 잘못된 것임을 인정했다고 합니다.

그래서 저는 이제 남편이 저와 우리 가족에게 돌아오리라고 예상했는데 그런데 그렇게 되지 않았고 그 사람은 다시 또 결혼을 했습니다. 이때는 제가 정말 격려가 필요했습니다! 하나님께서 제 영에 말씀하시기를 저의 상황을 사용하셔서 그리스도의 몸이 비언약의 결혼에 대해 알게 하실 것이고 제가 이 상황을 통과해 나갈 은혜를 주시겠다고 하셨습니다.

그리고 주님께서 에스라 9장과 10장을 통해 제게 말씀하셨습니다. 에스라 10장에서 하나님께서 에스라 제사장을 통해서 113명의 남자에서 비언약의 아내와 이혼하고 언약의 결혼으로 돌아오라고 말씀하셨습니다.

이제 우리는 하나님의 명령을 두려워하면서 받드는 분들의 권면과, 에스라 제사장님의 가르침을 따라서, 이방 여자들과 그들에게서 난 아이들을 다 보낼 것을 하나님 앞에서 언약하겠습니다. 율법대로 하겠습니다.

(에스라 10:3, 새번역)

여기에서 이방의 아내의 '이방(노크리브 nokriv)'이라는 단어는 스트롱 주석에는 '간음하는' 아내라고 정의되어 있습니다. 에스라와 말라기는 동시대에 사역했던 선지자였습니다.

말라기 2장에서 흘려진 눈물은 언약의 아내들이 하나님께서 남편을 자신들에게 회복시켜 주실 것을 믿으며 흘렸던 눈물이었습니다.

너희가 잘못한 일이 또 하나 있다. 주님께서 너희 제물을 외면하시며 그것을 기꺼이 받지 않으신다고, 너희가 눈물과 울음과 탄식으로 주님의 제단을 적셨다 그러면서 너희는 오히려, '무슨 까닭으로 이러십니까?' 하고 묻는다. 그 까닭은, 네가 젊은 날에 만나서 결혼한 너의 아내를 배신하였기 때문이며, 주님께서 이 일에 증인이시기 때문이다. 그 여자는 너의 동반자이며, 네가 성실하게 살겠다고 언약을 맺고 맞아들인 아내인데도, 네가 아내를 배신하였다 (말 2:13-14, 새번역)

제 남편과 그 여자의 관계는 4년 밖에 가지 않았고 나중에 가서는 두 사람 다 헤어지고 싶어 했습니다. 그래서 두 사람은 결국 합의 하에 이혼했습니다.

이 기간 동안에 저는 별거와 이혼을 겪은 사람들, 그리고 결혼의 영구적인 언약에 자신을 위탁한 사람들을 위해서 제 집을 열었습니다. 이 사람들 대부분도 저처럼 "이혼하고 새 삶을 살라"라는 조언을 많이 받았고 전 배우자와 다시 합치는 것에 대한 격려나 도움은 별로 받지 못했습니다.

저는 하나님께서 제게 매일 가르치시는 것을 그들에게 나누기 시작했습니다. 예를 들어서 하루는 제가 잔디에 물을 주려고 아침 일찍 일어났던 날에 주님께서 제게 말씀하셨습니다. 스프링클러를 옮겨놓고 나서 저는 무릎을 꿇고 물에 젖은 풀을 뽑기 시작했습니다. 그렇게 하는 동안에 주님께서 제게 말씀하셨습니다. "네 그룹에서 이걸 나누면 좋겠구나. 잡초가 얼마나 빨리 올라오는지 너 봤니?" 제가 "네, 주님"이라고 대답했습니다. 그러자 주님께서 말씀하셨습니다. "그건 네가 땅에 물을 주었기 때문에 그런 거란다. 네가 내 말씀을 가지고 남편을 위해 기도할 때 바로 그런 일이 일어나는 거란다. 네가 남편을 위해 기도하는 것은 내 말씀을 가지고 물을 주는 것과 같단다. 그 사람 위에 계속해서 내 말씀을 선포해라. 그러면 견고한 진이 쉽게 무너질 것이다." 이 기간 동안에 저는 또한 하나님의 말씀 안에 있는 심고 거두는 멋진 법칙을 발견하게 되었습니다. 창세기 8:22은 땅이 있는 동안에는 씨 심는 것과 추수하는 것을 쉬지 않을 것이라고 말합니다. 신약에서는 갈라디아서 6:7에 이렇게 나옵니다.

스스로 속이지 말라 하나님은 업신여김을 받지 아니하시나니 사람이 무엇으로 심든지 그대로 거두리라 (갈 6:7)

저는 항상 십일조를 내던 사람이었는데 이제는 십일조 외에 더 사람들의 필요를 위해서 제 개인적으로나 교회를 통해서 베풀기 시작했습니다. 뭘 되돌려 받고자 하는 마음에서 베푸는 건 아니었는데 그렇게 했을 때 제 필요가 풍성하게 채워지는 멋진 일이 일어났습니다.

저는 이 심고 거두는 원리가 재정에만 적용되는 게 아니라 삶의 많은 다른 영역에도 해당된다는 것을 알게 되었습니다. 제가 상처받은 사람들을 향해 다가가기 시작하니까 제 상처가 멈췄습니다. 제가 사랑과 용서를 베푸니까 저도 다른 사람들로부터 사랑과 용서를 경험했습니다. 저 자신이 기도가 필요했을 때 저는 다른 사람들을 위해서 기도했습니다. 제가 외로웠을 때 저는 외로운 사람을 찾아서 그들에게 사역해주었습니다. 증가의 법칙(씨앗 하나가 많은 씨앗을 생산해 냄) 때문에 제가 심었던 것보다 항상 훨씬 더 큰 열매가 있었습니다. 저는 그렇게 추수를 거두고 있었습니다. '추수'의 정의 중 하나는 '어떤 노력이나 행동 또는 사건의 결과 또는 생산물'입니다. 우리가 베풀면 하나님께서 배가시켜서 우리에게 돌려주실 것이 있게 됩니다. 우리가 움켜쥐고 있으면 하나님도 증가시키실 수가 없습니다.

시편 112:3은 말합니다.

부와 재물이 그의 집에 있음이여 그의 공의가 영구히 서 있으리로다. (시 112:3)

어느 날 아침에 저는 주님께 이 구절이 무슨 뜻인지 가르쳐달라고 기도했습니다. '부'라는 단어를 사전에서 찾아보니까 이런 의미가 있다는 걸 알게 되었습니다.
1) 풍성한 소유물, 재물
2) 어떤 것 이든지의(예를 들어 치유된 부부 관계) 소중한 것이 풍성한 것.

다음으로는 '재물'을 찾아봤더니 그 정의는 이러했습니다.
1) 사람의 실제적인 재산의 큰 총액
2) 인간이 원하는 것, 부가 풍성함. 부자인 상태.
   (다음 의미에 제 관심이 확 갔습니다!)
3) 보통 부유한 배움이 있고 나서 오게 되는 무엇이든지의 풍성함.

하나님께서 제 부부 관계를 치유해주실 것을 처음 믿기 시작했을 때 저는 즉각적인 기적을 원했습니다. "제 남편이 지금 당장 집에 오게 해주세요! 제 부부 관계를 지금 당장 치유해주세요!" 잠언 5:1은 실제적인 경험, 그리고 대가를 지불하는 경험을 통해서 지혜를 배우게 된다고 말합니다.

순간 순간, 시간 시간, 하루 하루, 한 주 한 주, 심지어는 한 해 한 해 기적을 살아내겠다는 마음으로 살게 되자 저는 실제적이고 대가 지불을 한 경험을 하기 시작했습니다. 저는 부유한 배움을 얻게 되었고 부부 관계가 깨어진 사람들을 위한 사역까지 하게 되었습니다. 저는 정말 부유한 사람입니다!

제 남편이 저를 떠난 지 이제 13년이 되었는데 저는 제 결혼의 언약을 지키면서 하나님께서 제 부부 관계를 치유해 주실 것을 믿는 것이 옳은 것이라고 지금 더 확신합니다. 최근에 저희 교회에서 열린 예언 집회에서 제 아들과 제가 안수 기도를 받으며 예언을 받은 일이 있었습니다. 예언해주셨던 분이 저나 제 아들을 모르는 분이었는데 그분께서 우리 두 사람에게 같은 예언 말씀을 주셨습니다. 제 아들은 이런 예언을 받았습니다. "우리 모두가 탕자 이야기는 아는데 당신 경우는 거꾸로 된 경우네요. 당신 아버지가 탕자 아버지네요. 이제 그 아버지가 집에 돌아오고 있습니다. 집에 돌아오고 있어요!" 저는 이렇게 예언받았습니다. "당신은 여러 해 동안 기다려왔습니다. 그리고 이제 기적이 일어나고 있습니다. 하나님께서 그 남자 마음을 움직이실 것이고 당신과 가족 전체가 주님의 구원을 볼 것입니다. 당신의 슬픔이 변해서 춤이 될 것입니다." 하나님은 신실하신 분이셔서 제가 믿음으로 처음 섰을 때 제 영에 말씀하셨던 것을 성취하시고 행하실 것임을 저는 압니다. 하나님은 저와 제 가족이 염려하는 문제들을 온전케 만들어주실 것입니다. 우리 가정에 있었던 이혼과 간음의 가계의 저주는 끊어졌고 우리 손주들은 언약의 위탁을 본보기로 보고 있습니다. 우리 손주 들은 결혼이 증인이신 하나님 앞에서 '죽음이 우리를 갈라놓을 때까지'라고 위탁한 언약임을 알며 성장할 것입니다.

메를린은 정말 보기 드문 존경스러운 여성입니다. 다른 사람들의 선택에 의해서가 아니라 주님의 말씀의 지배를 받아서 선택하는 기독교인을 저는 많이 보지 못했습니다. 메를린은 남편이 재혼을 하는 등 어떤 결정을 하든지 간에 그것의 영향을 받지 않고 싱글로 살든지 아니면 전 남편과 합치든지 둘 중의 하나를 하겠다고 결정한 것입니다.

기독교인조차도 하나님의 절대적인 원리로 사는 사람은 많지 않습니다. 대부분의 사람들은 평생 동안 다른 사람들이 선택하는 대로 따라서 결정하며 삶의 목적을 정하며 삽니다. 메를린은 지금 우리 시대의 진정한 믿음의 영웅 중 한 사람입니다.

CHAPTER 6

당신은 누구를 섬길지 선택하십시오

제 6 장

당신은 누구를 섬길지 선택하십시오

가정 내에서의 신체적 그리고 성적 학대, 동성애, 알코올 중독, 에이즈, 여러 심각한 부부 관계의 병폐 등은 이 책에서 다루지 않았습니다. 부부에게나 가정에 이런 극단적인 역기능이 있을 때는 빨리, 단호하게 그리고 대체로 다른 사람들이 함께 개입해서 이런 문제를 다루어야 합니다. 이런 주제들은 이 책의 주제를 좀 벗어난 것입니다. **그런데 이런 극단적인 상황에서도 언약의 위탁을 지키고 하나님을 향한 믿음을 계속 가지는 것이 개개인과 부부와 가정이 회복되고 치유되는 데 있어 중요한 열쇠라는 것이 많이 증명되었습니다.**

오늘날 교회에서도 많이 용인하고 있는 이혼과 재혼을 하는 경우는 하나님의 언약을 어기는 것이며, 예수님을 주님으로 모신 사람, 자기 자신과 자신의 행복을 위해 살기 보다 주님과 주님 나라를 위해 살기로 선택한 사람에게는 올바른 선택이라고 볼 수 없습니다.

기독교인의 이혼과 재혼에 관한 질문에 있어 주요한 이슈는 개인의 행복이 아니라 언약을 어기는 문제라는 것입니다. 그리고 언약을 어기는 데 있어 주요한 이슈는 하나님의 이미지가 파괴되고 사람들의 눈에 비치는 하나님의 성품이 훼손된다는 것입니다. 이것은 자녀들과 주변 사람들 안에 버림받을 것에 대한 두려움과 하나님에 대한 심한 불신을 형성하게 되고, 그 결과 사람들은 버림받지 않고 용납받기 위해서 성과 위주로 살게 되고 완벽주의자가 됩니다.

이 땅에서 하나님의 이미지를 보여주는 두 제도가 있다고 믿습니다. 그것은 바로 **1)결혼**과 **2)교회**입니다. 이 두 제도는 아이들과 세상을 향해서 하나님이 누구이시고 하나님이 어떤 분이신지를 보여주는 그림이 되도록 하나님이 만드신 제도입니다. 요한복음 17장에서 예수님은 교회를 위해서 이렇게 기도하셨습니다.

> ... 이는 우리가 하나가 된 것 같이 그들도 하나가 되게 하려 함이니이다 곧 내가 그들 안에 있고 아버지께서 내 안에 계시어 그들로 온전함을 이루어 하나가 되게 하려 함은 아버지께서 나를 보내신 것과 또 나를 사랑하심 같이 그들도 사랑하신 것을 세상으로 알게 하려 함이로소이다
>
> (요 17:22후반절 - 23)

이 본문에서 예수님은 왜 교회가 하나 되어야 되는지 두 가지 이유를 말씀하십니다. 먼저는 하나님 아버지가 예수님을 보내셨다는 것을 세상이 알게 하기 위해서이고, 두 번째로는 하나님 아버지가 그들을 사랑하신다는 것을 세상이 알게 하기 위해서입니다. 그러면 반대로 교회가 분열되면 그것은 하나님 아버지가 예수님을 보내신 것이 아니고, 하나님 아버지가 사람들을 사랑하지 않으신다고 세상을 향해서 말하는 것이 됩니다.

신자인 우리는 우리 자신을 향해서만 살 수 없습니다. 이 메시지에서 예수님이 신경 쓰시는 바는 신자들만을 위한 것이 아니라 다른 사람들을 위한 것이 더 큽니다. 이렇게 교회는 하나님의 이미지를 대표해서 사람들에게 보여주는 것입니다. 한 개인이 하나님의 이미지를 대표로 보여주는 게 아니라 신자들의 공동체의 관계가 하나님의 이미지를 보여주는 것입니다. 교회가 하나되어 있지 않으면 사람들에게 하나님 아버지가 그들을 사랑하시고 하나님 아버지가 예수 그리스도를 보내셨다는 확신을 주기가 어렵습니다.

교회가 하나님의 이미지를 보여주는 것처럼 결혼도 그렇습니다. 결혼은 인간의 아이디어가 아니었습니다. 그것은 하나님의 제도입니다. Chapter 1에서에도 언급했던 대로 에베소서

5장에서 바울은 부부 관계가 바로 그리스도와 교회와의 관계를 이 땅에서 보여주는 그림이라고 말합니다. 결혼 안에서 언약을 지키면 '그리스도와 그의 신부의 관계'를 세상에 올바르게 보여주게 됩니다. 그런데 결혼 안에서 언약이 깨지면 세상은 이 땅에서의 그리스도와 그의 신부의 관계의 잘못된 그림을 보게 됩니다.

결혼이 정말 하나님의 이미지를 보여주는 것이기 때문에 **이혼과 재혼은 세상을 향해서 하나님 아버지가 그들을 사랑하지 않으시고, 하나님 아버지가 예수님을 보내지 않으셨다고 말하는 것이 됩니다.**

저는 이혼하거나 또는 재혼한 부부의 자녀들을 위해 사역하면서 이것이 정말 사실이라는 것을 알게 되었습니다. 이런 자녀들에게는 하나님께서 이들을 사랑하시고 예수님이 이들을 위해 죽으시도록 하나님께서 예수님을 보내주셨다는 확신을 주기가 정말 어렵습니다. 많은 경우 이러한 가정의 자녀들의 마음 깊은 곳에는 자신이 무가치하다는 느낌이 있고, 수치심이 있고, 하나님의 사랑과 용납을 받기 위해서는 완벽하게 행동해야 된다는 강박이 있습니다. 그들이 어떤 행동을 하건 관계없이 예수님이 그들과 맺은 언약 때문에 예수 그리스도께서 그들을 사랑하시고, 용납하시고, 그들에게 위탁되셨다는 것을 그들은 잘 믿지 않습니다. 그들은 행동과 무관한 언약의 위탁의 모델을 본 적이 없습니다. 부모의 이기심을 통해서 사단은 이런 자녀들이 부모가 겪었던 것과 비슷하거나 더 심한 외상과 고통을 겪도록 장치를 해놓습니다.

우리는 예수님을 모르는 세상이 하나님의 기준을 준수하고 다른 사람들이나 미래 세대 사람들의 눈에 비치는 하나님의 이미지에 대해 신경쓰리라고 기대하지 않지만 교회는 그렇게 하리라고 기대합니다. 하지만 안타깝게도 많은 신자들은 그렇게 하고 있지 않습니다. 오히려 세상이 교회에게 소금의 역할을 해줍니다.

많은 목회자가 하나님의 언약의 가치관을 지키기보다는 세상의 계약의 가치관을 받아들이기 때문에 이혼한 사람이 재혼할 때 주례를 해줍니다. 지금 우리 사회에서는 심지어는 기독교인들도 옳고 그른 것에 대한 개념이 별로 강하지 못합니다. 이혼한 사람이 재혼할 때 주례를 서는 것은 도덕적으로 잘못된 것일 수 있고(저는 그렇다고 믿습니다) 하나님의 뜻과 목적을 어기는 것일 수 있습니다. 그리고 또한 성경적으로 의문이 제기되는 문제이기 때문에 이런 점만 고려해도 사실 목회자들이 이혼한 사람의(전 배우자 아닌 사람과의) 재혼 주례를 하지 않아야 됩니다.

또 이렇게 하는 것이 도덕적으로 문제되는 것이 아닌지 의문의 여지가 되지 않는다면 적어도 우리가 생산해내고 있는 열매를 봐야 됩니다. 가정의 역기능과 학대가 세상에서만큼 교회 안에서도 만연하고 그리고 계속 증가되고 있습니다. 통계적으로 기독교인의 이혼율과 비기독교인의 이혼율이 같거나 아니면 기독교인의 이혼율이 오히려 약간 더 높습니다. 우리는 예수 그리스도의 복음이 사람들의 삶을 변화시키고 가정을 변화시키고 이런 통계 수치에 긍정적인 영향을 줄 것이라고 생각합니다.

그런데 우리가 기대하는 열매가 맺히지 않는다면 우리는 먼저 심겨진 씨앗을 점검해봐야 됩니다. 복음이 사람들의 삶에 장기적인 영향을 못 미치는 것이든지 아니면 우리가 이 이슈에 있어서는 복음을 전하지 않고 있는 것입니다.

기독교인인 우리가 다음의 주요 질문에 대해 어떻게 대답하는지에 따라 우리가 어떻게 성경을 해석하고 결혼·이혼·재혼의 이슈를 바라 보는지를 결정짓게 해줍니다.

1) 나는 누구를 위해 살고 있는가? 예수 그리스도, 주님의 이름, 주님의 나라, 다른 사람들의 눈에 비치는 주님의 이미지를 위해 사는가? 아니면 나 자신, 나 자신의 행복과 안정을 위해서 사는가?
2) 나는 결혼 안에 있는 성경적인 언약의 가치관을 받아들이는가? 아니면 세상의 계약의 가치관을 받아들이는가?

기독교인인 우리가 이 질문에 답을 해야 되고 우리가 선택하는 답대로 일관되게 삶을 살아야 된다고 믿습니다. 나 자신과 나의 행복을 위해 살기로 선택하면 우리는 자유롭게 그렇게 살아도 됩니다. 그렇지만 예수 그리스도를 주님이라고 고백하며 사람들에게 주님의 이름과 이미지를 잘못 보여주는 것은 하지 맙시다. 기록된 하나님의 말씀보다 나의 주관적인 경험을 더 가치 있게 여기기로 선택한다면 그렇다고 말하고, 성경이 우리 삶에 권위를 갖는다고 주장하지 맙시다. 결혼이 언약이 아니라 계약이라고 믿는다면 그렇게 행동하고, **"죽음이 우리를 갈라놓을 때까지"**와 같은 언약의 용어(계약의 개념과 일관되지 않는 용어)를 사용하면서 결혼이 하나님 앞에서의 언약인 것처럼 결혼식을 진행하지 맙시다.

반면에 우리가 예수 그리스도와 그의 나라를 위해 살기로 선택하면 학대나 이혼의 어려움을 겪은 사람들에게 있어서는 언약의 가치관을 따르는 것이 큰 대가를 지불하게 되는 결정일수도 있다는 걸 알아야 됩니다. 이런 사람들이 외상을 극복하고 주님과 계속 동행할 수 있도록 그들에게 필요한 사랑과 긍휼과 자비, 도움을 교회인 우리가 줄 수 있어야 됩니다.

결혼이 언약이라고 믿는다면 교회 안에서 이 언약의 가치관을 지키고 결혼하는 기독교인들에게 미리 이 가치관을 심어줍시다. 어느 가치관을 받아들일지 진지하게 결정하고, 그리고 선택한 대로 일관되게 삽시다.

> 그러므로 이제는 여호와를 경외하며 온전함과 진실함으로 그를 섬기라 너희의 조상들이 강 저쪽과 애굽에서 섬기던 신들을 치워 버리고 여호와만 섬기라
> 만일 여호와를 섬기는 것이 너희에게 좋지 않게 보이거든 너희 조상들이 강 저쪽에서 섬기던 신들이든지 또는 너희가 거주하는 땅에 있는 아모리 족속의 신들이든지 너희가 섬길 자를 오늘 택하라 오직 나와 내 집은 여호와를 섬기겠노라 하니 (수 24:14-15)

결혼 언약인가, 계약인가?

2017년 3월 13일 초판 발행
2017년 3월 13일 초판 1쇄

지은이	크래그 힐
옮긴이	김민희
펴낸이	권영석
펴낸곳	기독서원 하늘양식
출판등록	제 2-4761호 (2007.11. 28)
주 소	서울시 중구 퇴계로 161
전 화	02) 2277-1424, 0691
팩 스	02) 2277-1947, 3927
E-mail	koprint@hanmail.net

찍은곳	고려문화사
전 화	02) 2277-1424

ISBN 978-89-94542-10-2   03230

정가 8,000원

※ 본 저서의 한국어판 발행권은 저자와의 협약에 의하여 기독서원 하늘양식에 있습니다.
  잘못된 책은 바꾸어 드립니다.